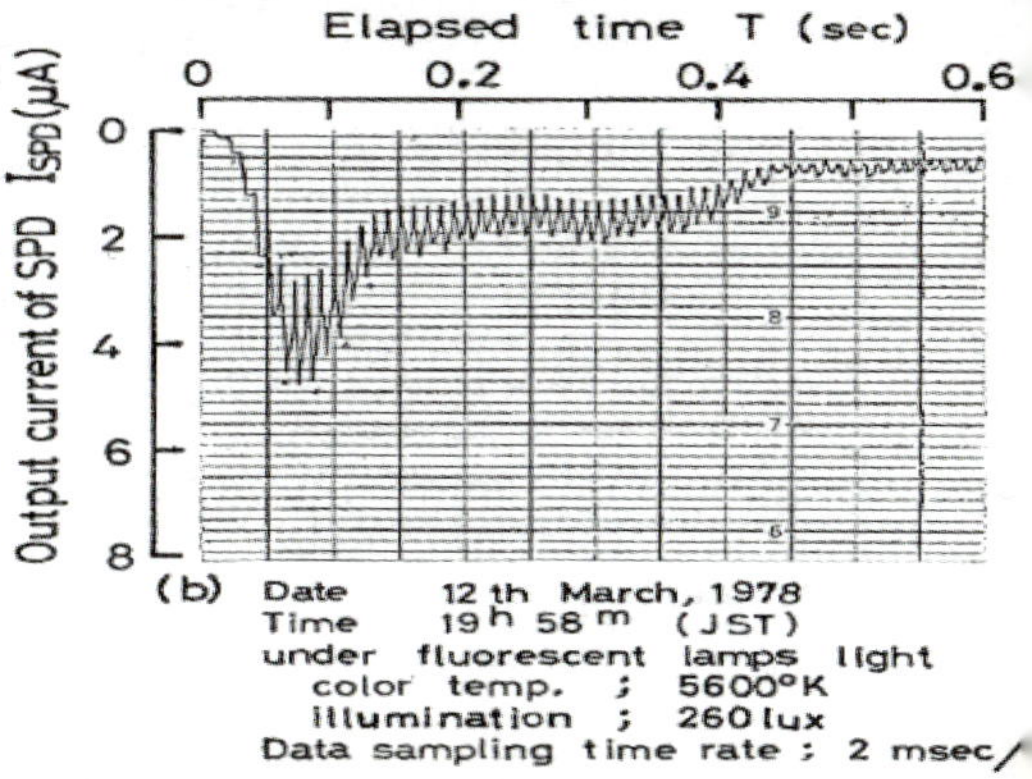

which include the periodical variation of 0.
during Nen-graphy process.

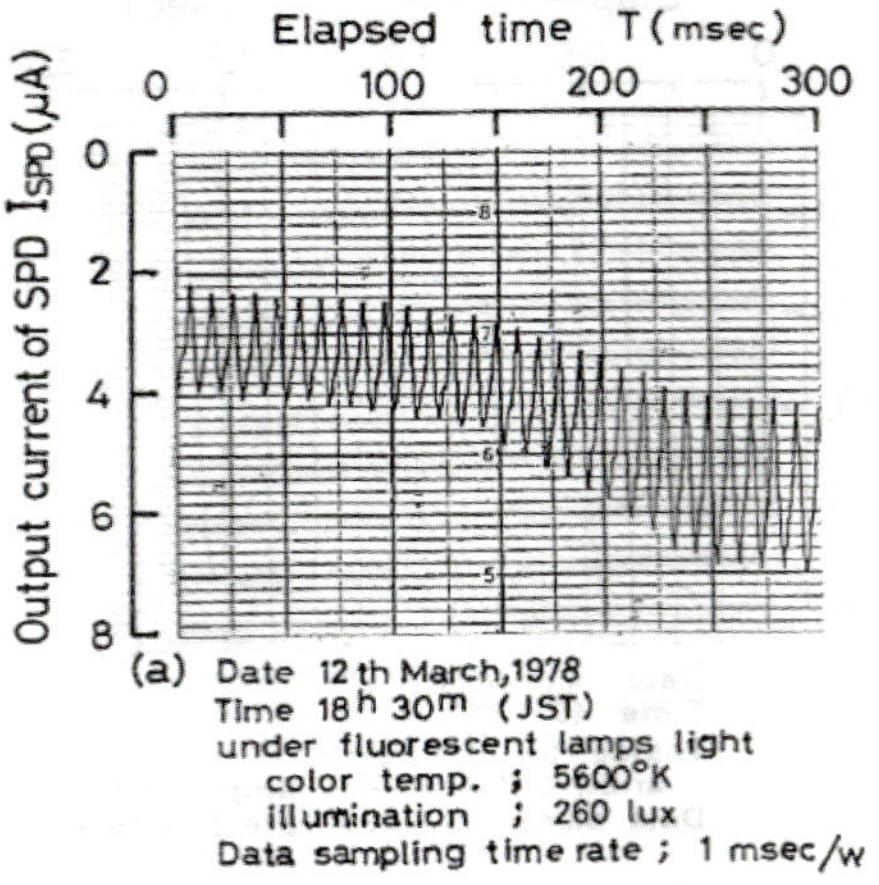

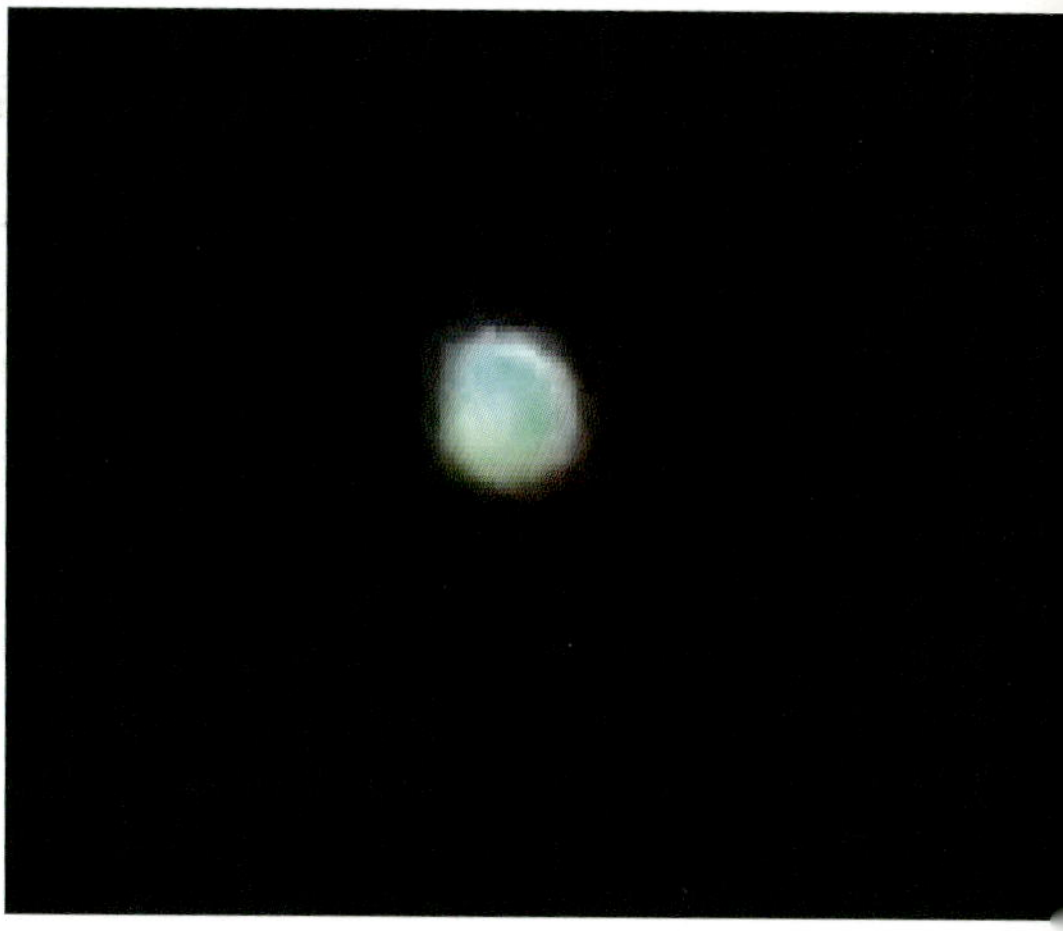

本書の写真、図版について

表紙と口絵には写真と図があります。
これらは、この出版の目的、または、この本の出版の意味合いを表しております。

①表紙の上側にある3個のオーブ（たまゆら）は、動画から切り取った静止画像です。「たまゆら」に働きかけて、意念（心）で「たまゆら」の形や姿を造る(念写)には、動画が適している事を表しております（例えば、本文60ページ、２０１５年）。

②口絵の右側の中程にはミクロオーブ（念球）の測定装置と配線図、左側にはその結果の一例を紹介しております。念球は光子群であり、負方向に変化する場合もあり得ます。これらは、心（魂）の科学的な研究・解析を意味しており、世界で最初に心（魂）の科学的な測定・解析結果が得られた事、さらには、これらを基にして心(魂)の科学研究が開始される可能性がある事を意味しております（本文、217ページ、１９７５~１９７６年)。オーブ（たまゆら）群は、空気中の水蒸気の性質に依存する事が多い、つまり、空気中の水蒸気の性質が変わると(活性剤混入等)、その形や姿が著しく変化する事を意味しております。

③その他の写真は、再現性のある事を提示する為のものです。

尚、この本では、手作り感を出すために、文章の配列や、写真の大小と位置を不揃いにしてあります。

オーブ・たまゆら

（　撮影・画像処理・分析　）

著者：　佐々木　茂美

動画撮影：佐藤　禎花

まえがき

科学は、現象を定量的に記述する方法論です。そこでは、存在するものは物質のみとし心や精神は扱う範囲から除外されています。しかしながら、現に心や精神を持った私の存在は否定できません。それでは、心を持った私とは何なのでしょうか。私は自分を認識していますが、世界は物質しか存在しないとすれば、自分の認識は物質がどのようにして生み出すのでしょうか。

現代の科学で分かっていることは、捉えうる現象の範囲は極大から極小まで極めて広く、我々人間は中程度のスケールの現象に適応した認識しかできないのです。極微・極大の世界では中程度のスケールに慣れた我々では、意味が理解できないことが現実に起こっているのです。

我々のスケールの世界では、いわゆる科学は「意識の現象への関与」は無しとしています。ところが、特異能力者による膨大な実験のデータは「意識の現象への関与」がないという主張を否定しています。しかしながら、関与はあるとしても、これまでは特異能力の制御はできませんでした。

佐々木先生は一貫してこの分野の研究の第一人者です。最近のご研究では、オーブを通して意識の現象への働きの存在を示し、かつその働きの制御の可能性を実証的に示されています。これはサイ科学からみれば、画期的な発展の糸口の可能性を秘めているものであります。特異能力の制御可能な実用性につながる可能性の高いものです。

上りくる朝日を待つ心境です。

日本サイ科学会長　　浪平博人（工学博士）

オーブと霊能力

オーブは本当に存在するのかどうかの疑問に対し偽のオーブと本物のオーブの存在を明らかにしオーブ出現のメカニズムまで解明された佐々木茂美先生のご研究は大変興味深くかつ高く評価されるに相応しいものである。

ごく最近、生まれて初めていわゆる霊能者といわれる人の霊視体験をした。新潟県で生まれ育っていながら新潟県の田舎町に笠原　淳という霊能者がいるということを東京の知人の紹介で初めて知った。昨年（２０１７年）12月に面会を申し込んでこの８月28日にやっと実現した。申し込んでから実に８か月も掛った。サラリーマンをやりながら兼業でやっていたが専業にして７年目になるという。年齢は40代前半くらいの明るく真面目で清々しい感じの好青年という印象だった。どことなく信頼感を与える人柄だった。

面談時間は1時間という約束で挨拶を交わし始まったが霊能者はちょっとと言い部屋を出ていき20分後くらいに戻られた。それから実質1時間がスタートした。先ず自分自身についてどのようなものを感じておられるかを問うた。霊能者は目を閉じしばらくしてから語り始めた。オーラが大きくかつ層が厚いという。しかしこう言われても本人には全く見えないので如何ともしがたい。次に性格についての話があったがこれは良く見抜いておられるという感じを受けた。さらに主要臓器の現状についての説明があった。どうしてこのようなことが分かるというか感じるというか大変不思議かつ興味深く思った。最後に将来については現在の仕事をそのまま続けるべきであると。3～5年後に良い意味で大きな変化が起こると言われた。次に息子について尋ねた。紙に名前と生年月日を書いて欲しいと言われ書いて渡す。霊能者はその書いたものをじっと見つめしばらく目を閉じてから語り始めた。息子の性格を実によく見抜いていることに驚いた。したがってこう対処するのが良いとのアドバイス。食べ物についてのアドバイス。さらに1年半後頃までに今までと異なる変化が出てくるとの予言。その他携わっている会社の将来についてなどいろいろと訊ねた。

今回初めて霊能者と言われる人と実際に会いいろいろと助言・提言・予言を貰って思ったことは現在直面している問題や課題に対し自分以外の第三者による助言や提言や予言を貰えること、また全く分からない将来についての予言や提言を貰えることではないかと思った。実際にそうなるかどうかは過ぎて見ないと分からないことである。

ところでオーブの場合はオーブの発生や出現に対し、例えば水―水蒸気や我々の意識エネルギーがどう関わっているのかなど科学的なアプローチの手掛かりが得られる面がある。これに対し霊能力の場合は科学的なアプローチはどう進めれば良いのかなかなか良いアイデアが浮かんでこないのである。

日本サイ科学会理事長　　久保田昌治（理学博士）

ご著書に寄せる序文

10代後半からの私の基本的な興味と関心は、「物質次元も含めて、宇宙の成り立ちと構造はどうなっているのか？」、「それらを創った『宇宙創造意識』（SG：Something Great）は、地球における生命（生物）としての人類（ホモ・サピエンス）に、何をしようとしているのか？」、「人間はどう生きることを求められているのか？」などであります。これらは、多くの人達の命題でもありました。

サイ科学、心霊科学を研究、又は関心を持っている人々にとっては、人間がスピリチュアルな存在であることは納得しておりますが、その科学的な証明は難しいといえます。そこで、21世紀の現時点で、肉体をもつ人間にとって、スピリチュアル関連の「PKとESP能力」の研究から入ろうと思い、「サイポテンシャルメーター」等を考案製作し、実験を実施してきました。

他方、プトレマイオス、パラケルスス、ニュートンらの科学の創始者達も占星学の研究をしておりました。また、米国に瞑想ヨーガを広めた『パラマハンサ・ヨガナンダ』の自伝に啓発されて、私も、占星学に興味をもつ事になり、研究を開始して、太陽系宇宙と人間個人としての小宇宙との間に（有意な）関係性の有ることを発見し、論文発表をしております。

佐々木茂美先生は電気通信大学の教授として、金属の信頼性の研究者であったのですが、70年代のスプーン曲げ（超能力）の子供達の存在を知り、専門分野の視点から、金属のＰＫ能力の測定実験に参加されました。日本の大学においては、それらは大変にリスクを伴う行動なのですが、周囲の教授達の否定的な眼にも怯まずに、研究を続けてきました。科学者として、未知な現象を究明したい、と言う事でしょう。

私は、80年代から90年代にかけて10年間位、電気通信大学で週1回のペースで佐々木先生のサイ科学方面の実験に協力をしておりました。そのときの光景で覚えていますのは、お客さんとお話しをしている途中でも、気功水の電気伝導度の測定時間になると、「ちょっと失礼！」ということで実験室に行って、測定してからまた戻って来られることがありました。「我々研究者は、お百姓さんのようなもので、毎日同じ作業をコンスタントにこなしていって、初めて最後に結果を得ることができる」というようなお話もしており、よく覚えております。

佐々木先生はこの半世紀、「念力による金属変形、念写、水を用いた外気測定、零場（平成21年秋、瑞宝中授賞授与）ゼロ磁場、気場、微細エネルギーと意識量子もつれ、カオス・アトラクターとサイ現象、透視像のサイ素粒子対による解読、透視時の意識状態と視え方」等、サイに関わる多くの分野で実験を伴う深い研究を続けてきました。

２０００年頃に、現在は日本サイ科学会の幹事であり、この本の編者でもある小澤佳彦氏が、インドや新宿で撮った多くの「オーブ写真」を、私は見せてもらいました。私は20代のときからのメンターで五井昌久先生の霊光写真をもっておりました。今までは、特定の先覚者しか撮れなかった球光が、デジタルカメラの時代になり、簡単に、また霊体の投影と思われるオーブも撮れるようになった、とびっくりしました。しかし、これを研究対象にするのは、現時点においては難しいだろうな、と思いました。しかし、佐々木先生は２０１０年代に入り、オーブを本格的な研究対象と定めて、今日まで海外でのオーブ撮影も含めて、精力的な研究を続けてきました。今では、体外にある「スピリットオーブ」と意念との間の交流もあり、いつでもオーブが撮れるようになりました。願い事を叶えたり、サイ現象に、大いに関わっていることを証明したい、と述べられています。

佐々木茂美先生の今回のご著書は、「オーブ研究」の突破口であり、これからのオーブ研究の大いなる道標になるものと確信しております。

日本サイ科学学会　事務局長　小林　泰樹

目次　12

――写真集―― 241

1　オーブ（たまゆら）と意識

（1）はじめに

インターネット百科事典「Ｗｉｋｉｐｅｄｉａ」によると、

「玉響現象（たまゆらげんしょう）とは、主に写真などに映り込む、小さな水滴の様な光球である。肉眼では見えず、写真でのみ確認される。科学的にはフラッシュ光の空気中の微粒子による後方散乱が写り込んだものと解釈されるが、心霊的観点から解釈がなされることもある。」

と書いてある。これらの中に若干存在する本物を、私達は、オーブ（たまゆら）と呼んで研究対象にしている。

他方Ｙａｈｏｏ！の「オーブ写真の画像」で「検索」すると約８００万件から１０００万件がヒットするために、関心を持っている人達の多いことに驚かされる。ただし、これはオーブの静止画像に対してである。

私達は、いま、静止像に加えて動オーブ像を検討している。結果として、研究途上ではあるが、オーブ（たまゆら）の実体「中身」を判断する事が出来、さらに意識レベルとの関係を推定することが出来るようになった。

（２）日本国内における研究

日本サイ科学会の小林信正副理事長は、近赤外線から紫外線領域までを撮影可能な改造デジタルカメラ、高精度赤外線ビデオ、電磁波測定器等を用いて、オーブが、**近赤外線領域に潜在**している事を確かめた（２００２年）。知る限りでは、世界でも初めての事柄はないだろうか。

またサイ科学会の阿久津淳理事は、大会委員長として、２００６年のサイ科学会創立30周年記念大会において、**「世界初オーブに関する本格的シンポジウム」**を開催した。この中で、「オーブは意識体である」、「オーブは霊体の投影である」等の発言があり、大成功であった。

しかし研究者の関心は低く、日本サイ科学会と（財）福来心理学研究所のみがオーブを議論の対象にしている。この理由の一つは、**偽オーブ**と本物との区別がつき難い点にあると思う。

これを避けるために、私達は**「動オーブと念写」**を研究対象に取り入れている。例えば、オーブによる**三日月型念写像の形成過程**の記録がある。念写とは、意念（集中して念じる）に従って、体外に或種の像（形、姿）を形成するものである。**念写**は、光を遮蔽した写真乾板（フイルム）上に念じた像を写し出すもので、108年前（１９１０年）に**福来友吉博士**によって、世界に先駆けて発見された。

本研究は、この**念写と同一の現象を、オーブを介して出現させ、ＳＤメモリに記録**させせようとするものである。

披験者は佐藤禎花師（女性、特異効能者）。市販のデジタルカメラを用い、「連続撮影」を機能させ、ＳＤメモリに記録させ、「ビデオ撮り」（動画撮影）している。連写なので、フラッシュ光は不使用である。成功した撮影は数回以上（10回以上）もあり、再現性はあるといえる。

撮影された動画は、切り取って静止画像としてワープロソフトＷｏｒｄに貼り付け、画像処理を施して、念写の過程を記録し分析をしている。フラッシュを焚かない動画撮影の場合には、完全に偽オーブは除外されているといえる。

（3）スピリットオーブ（SO）の性質

空気の成分が電離していると思われる薄暗い空間に向けて、フラッシュ撮影して、静止画像のオーブの性質を調べる。

①撮影者の意識と体外にある**スピリットオーブ**（SO）とは共振（同調）している。オーブには**撮影者の意識と共振するオーブ**（SO）と、共振しないオーブがある。

②共振するオーブ（SO）は、撮影者の意識と情報交換している。つまり、これはマクロＰＫの一種

かも知れない。

③オーブの模様（表情）はカオス・アトラクターを画くが、このフラクタル次元はＤ＝1.9～2.3（駆動因子、Ｄ個のチャクラが関与）である。

④スピリットオーブ（S0）の構成要素は、大気プラズマ化した陰と陽の「サイ（気）スピン対」、陰と陽の「イオンスピン対」、「エアゾール」等であり、光（色）として表示されている。しかし、この時

⑤各構成要素のそれぞれは独立した発光体で、別々の動きをしている。また、この種のオーブは

⑥弱く結合した球体状であり、しかも周りの環境（ノイズ状小球オーブ）から、大きな影響をうけている。

⑦共振するオーブ（S0）の全体の動きをみると、7.8［Hz］の周波数に共鳴して変化し、その姿勢（形姿）は、地磁気方向（Ｎ、Ｓ）に影響されている様子である。

⑧S0は、条件を選べば、約3分の1の確率で出現する。つまりある程度の再現性がある。

⑨主な構成要素であるサイ（陰・陽の気のｓｐｉｎ対）は、近赤外線領域に存在しているので非可視である。

⑩前述の①、②等から、オーブ（SO）は物質界と精神界を結びつける役割を果たしている（マクロPKとして）様にも思われる。

他方、動オーブを用いた三日月型念写像の形成の過程を検討・記録した結果から、上記の①～⑩に加えて次記が得られている。

意識（ASC）と体外のスピリットオーブ（SO）とが共振（同調）して念写像を造る為には、

⑪三日月型念写像オーブの周りには、ノイズ状小球オーブが密集していて、これらが次第に三日月型念写像内に吸収されていき、一体化する。

⑫画像処理アプリによって解析したところ、念写像オーブは、光色から構成された混合（一体化した）白色発光体であった。

⑬環境条件として、温度と空中の水（水蒸気）がノイズ状小球オーブの膜形成に関係し、念写形成に関与する、と推定された。

⑭三日月型念写像の向き（姿勢）は変わらない。これは構成要素（陰・陽の巴型スピン対）が地磁気に関係する為であろう。他方、実在している三日月と三日月念写像の相違をしらべた。

⑮相違点として、念写像の弦側の円径と大円（外側）径とは、大きな差がある。念写像の両先端は

丸味をおびている。念写像の弦側が2～3個の円状にえぐられる（花王石鹸の月マーク状）場合がある。

⑯類似点として、いずれも月齢カレンダーの形姿を保つ。いずれも三日月の弦部が大きく変化する。

（4） 意識との関係

オーブを撮影・実験した多くの人達は、オーブは意識に関係する性質がある、または意識体では無いだろうか、と述べている。現在のところ、意識は科学的に評価出来ていないので、これを定量的・科学的に表示する事は難しい。研究途上であるが、私達は意識の定量表示をこころみている。

前述の（3）の①～⑩は

（A）大気イオン・レベル（1.5［μm］～780［nm］）

——**近赤外線レベル**の意識。

つまり、意識（ASC）と**静的オーブ**との共振——静的オーブの形成、観測に関係がある。

前述の（3）の⑪～⑬は、

（B）大気プラズマ・レベル（780～380［nm］）——**可視光レベル**の意識。

動的オーブによる**念写像形成**——意識（ASC）と動的オーブとの共振に関係がある、

と判断している。つまり、（A）及び（B）より、

（C）**三日月型念写像の形成過程**では、現象として、**次元上昇**が形成されている、と判断できる。

（D）サイ「気」の実体は、光色の大気イオン並びに大気プラズマの**陰陽のスピン対**であり、一体化「混合」されている**「自己発光体」**であると判断できる。

2　撮影と実験の方法

（1）はじめに

フラッシュ光によって撮影したデジタルカメラ画像に、レンズ付近の埃、水滴などが「偽オーブ」として写り込む場合がある。しかし、それらが写りがたい望遠ズーム状態で、フラッシュ光を用いない場合でもオーブは写る、意識に反応して写る等から、重要な研究対象であると考えられる。

検討したところ、オーブは呼びかけに応じて遠方からやってくる雲状光子群の集合体（陰・陽イオン対など）である。菱形、芋虫型、丸型（球状）などに形状、寸法、色合い（波長）等が変化し、次第に成長する傾向がある。また、オーブは地磁気、地球空間電磁場等の影響を受けている、撮影者の意識（ＡＳＣ）に応答した行動をとる、等の結果を得ることが出来た。

（2）実験方法について

オーブの動作観察並に静止画撮影にはデジタルカメラのカシオＥＸ‐Ｚ２０００（１４１０万画素数）、カシオＥＸ‐ＺＲ７００ＢＫ、カシオＥＸ‐Ｚ３３０を用いた。

（2・1）静止画の撮影方法

静止画の撮影は、**望遠ズーム**を用いて、カメラの焦点距離を遠くに合わせて（倍率は液晶モニター上で設定）写すことにした。しかし、このようにすればカメラの視野が狭くなるので、オーブを探しだすのが難しくなる。そこで、予めデジタルカメラを用いて広角で（焦点距離、短）液晶モニター上に小光球（白点状の星、又はオーブ）を写し出す。

オーブは近赤外線域に存在しており（活性化エネルギー1.4［eV］）非可視なので、液晶モニター上でのみ可視となる。つまり、はじめに、デジタルカメラの液晶モニターを用いて微小オーブを探し出し、つぎにこれを拡大して観察する（測定する）事にした。この理由として、デジタルカメラの**シャッターを半押し**にすると、カメラからは近赤外線が放射されるので、その視野内にオーブが来れば（写り込めれば）、**液晶モニターに映る**ことになる。

つぎに、これを拡大して、撮影し記録する。この時、場合によっては、肉眼で見える（近赤外線から可視光にまで拡大する）事もあった。このような方法でオーブを記録する。同時に、適時にデジタルカメラを全押しでシャッターを切り、オーブの静止像を撮影・記録する。

（2・2）動画の撮影方法

動画の撮影は、**露出モードをオート撮影**（P）に合せて行なう。オーブの動画撮影用ビデオカメラは、ソニーＨＤＲ‐ＣＸ２７０Ｖ並びにパナソニックＨＣ‐Ｖ２１０Ｍを用いた。なおビデオカメラの場合には、フラッシュ光撮影は行われていない。

デジタルカメラの焦点距離を「通常（望遠無し）」、並びに「望遠ズーム（倍率は液晶モニター上で示す）」に選び、フラッシュ光を併用して撮影した。この「望遠ズーム」を用いた撮影方法は、真のオーブを写しやすい傾向がある。

オーブがなかなか撮れない（オーブが居ない）場合でも、天候条件等の物理的ならびに、無心で熱心に撮影するなどの**心理的条件（ＡＳＣに近づける）**を揃えると写るようになる。**人工的に噴霧**（キリ、モヤ）を放射すると、**約30％以上の確率**で写るようになる。

さらに、動画が「手ブレ」によるものでない事を確かめる場合以外では、ビデオカメラを手持ちにして、「手ブレ」が無い様に注意して撮影した。これは、三脚上に固定した場合に、画面からオーブがはみ出てしまうことを防ぐためである。

写真の撮影・実験場所は静岡県磐田市で、２０１４年11月23日～24日。夜間の18時00分～21時30分、デジタルカメラ撮影・実験者は佐藤禎花師（女性）、ビデオ撮影者は高瀬育代並びに鈴木るみ子（女史）。

佐藤師は特異能力保持者である。ラビット・オーブの呼び込み、並びに情報交換等は佐藤師自身が行っている。外側からみると、佐藤師は陽気であり、賑やかで、楽しい雰囲気（ポジティブ）に包まれてオーブを呼び込んでいる。**変性意識状態（ＡＳＣ）**に近い状態下で、オーブと情報交換をしている様子である。筆者らも、これに真似てスプレー噴射（キリ、モヤ）下で「望遠ズーム状態」で試行したが、撮影像を得るまでには到らなかった。

本書では、一例のみを示す場合でも、二例以上の同一内容の画像がある場合のみを扱っている。

（２・３）撮影・表示の内容

偽オーブを避ける為に、**デジタルカメラ**を「望遠ズーム」状態にし、**シャッターを半押し**にして、カメラから近赤外線を放射させて、カメラの液晶画面が機能する（非可視の近赤外線域に潜むオーブが見える）ようにしてから、**液晶画面上にオーブを呼び込む**。つまり

「オーブさん、来て下さい」

とお願いする。例えば

「キテ、キテ、キテ、キテ、キテ、キテ」

と呼びかける。このような条件を設定した後に液晶画面上にオーブを写し出し、出現したら、これを別置きの**ビデオカメラで動画として撮影**する。

この様な手順を踏んだ後には、オーブは可視光

線域まで、色あい（波長）が変化して（願が届いて）、写される場合が多い。さらに、ビデオカメラを手持ちにして、欄干の手摺り等に沿って動かして、「手ブレ」が無い様に注意して、撮影した。

オーブは近赤外線領域に潜んでいるので、目には見えず（活性化エネルギー、約1.38［eV］）、また五感では認知出来ない。そこでシャッターを半押しにして、「液晶モニター」を機能させて（近赤外線像が写る液晶モニター上に）から観察し、撮影する方法を用いた。

なお、ビデオの動画には、シャッターの開閉が無いので、コマ送りが（固定では無く）連続している。

3・1　オーブ（たまゆら）と霧（水滴）

（1）はじめに

デジタルカメラ（CCD）を用いて、空気が電離していると思われる薄暗い空間に向けてフラッシュ撮影する。すると、乳白色で小円状のオーブが、ノイズとして写り込んでくる。オーブは、水との親和力が強く、雨の降り始め前や、スプレー噴霧水の水滴が蒸発する後に、写り易い。しかし現在のところオーブの本質は不明である。

乳白色の強い発光体で、円内が不透明な（厚い）球状のものが真のオーブであり、半透明で内部に影が有るものは偽オーブであるらしい、と言う（精神派）主張がある。

これとは別に、円形内部に模様（表情）がある半透明なものが真のオーブであり、模様の無い小直径の発光体は水滴（反射光）である、という主張がある（実験派）。

この相反すると思われる見解は潜在しており、いまは、特に議論されていない様子であるが、研究を進める時の（対立を呼ぶ）障害になっている。本稿では、これを総合的に解釈すること、ならびに、オーブの存在理由や円内模様と水滴との関係を検討する為に、モデル（仮定）を提案し、考察を進めることにした。

(2) オーブの形成過程の推定

地球の表面付近に存在する大気(空気)成分は、容積比で、窒素分子(約78%)と酸素分子(約21%)が大部分を占めており、水蒸気(H_2O)は僅かに0.1~3.0%、その他として二酸化炭素とオゾン等がある。中でも水蒸気は、季節や地形による変動がかなり大きいと聞く。大気の中の水蒸気が多くなると、凝固して雲や雨になるが、凝固には核が必要であり、これをエアゾール(埃、微細塵)が分担している。注意すべきこととして、水分が少なくなると、オーブは極めて出現しにくくなる。

地球を取り巻く空気の一部は、宇宙線の照射のために電離していて、上層部は陽(+)、地表部は陰(−)に帯電している。したがって、地球は電磁気学的には巨大な球形・地球コンデンサー(約30万[V])として存在している。通常は、地表面は陰に帯電しているが、厚い雨雲がやってくると、雨雲自体は、上側は(+)、下側は陰(−)に帯電しているので、地表面は陰(−)から陽(+)に帯電が変化することになる。このような時には、空気中の陰イオン群と陽イオン(荷電粒子)群間に対流が生じ、大気陰・陽イオン群が形成され易くなる。雨が降り始めると、電離はさらに進む。

水(H_2O)を電離すると、H^+(陽イオン)、OH^-(陰イオン)、電子(e^-)になる。いわゆるプラズマであるが、これを大気電気学では、大気陽イオン、大気陰イオン、電子と呼ぶ。

大気イオン群の中にエアゾール（埃、微細塵）を入れると、大気電界やイオン間の相互作用などにより、大気陽イオン・ボールと大気陰イオン・ボールの組合せができる。

いま、ベクトルが上向きで右方向に回転するものを陽イオンボール（雲状電子に相当）とし、下向きで右方向に回転するものを陰イオンボール（雲状陽電子に相当）とし、これが一対に成る場合を想定する。基盤に成るのは雲状の電子、陽電子のスピン対とバイオフォトン（プラーナ、ベクトル表示）の組合せである（P.33図1（a）参照）。これを**『オーブ・スピン対群』**と仮称する。中でも、周波数が近赤外線域に相当するもの（活性化エネルギー約1.5［eV］）が対象になる。

ここに示した一対は、右方向回転の巴型状組合せ（図1（a））であるが、左方向回転の物もあり、一般には裏表、左右等、様々な状態のものを組合せた集合体から形成されている。これが全体として中和している場合（図1（b）参照）を『オーブの単位体』（**『イオン・ボール』**）とする。

さらに、このイオン・ボールが大量に集合したもの（図1（c）参照）を**『オーブ』**と言う。これらは、大小の違いはあるが相似であり、フラクタルを形成している。なお、以上の説明には雲状電子を用いたが、実際には、雲状光子群の組合せとして存在するのであろう。

図1（a）の**オーブ・スピン対群**は、オーブ図

1（c）の基盤でもある。つまり、通称「**オーブ**」**群から**は**雲状の電子、陽電子、生命体**（**プラーナ**）**群から構成**されている。電子は空気中でも割合に安定に存在しており、陽電子は宇宙線や各種のγ線照射（地表面の自然放射線等）によって得られる。

さらにP.33図1（a）の陰イオンと陽イオンの両側に配置されているベクトルは、素粒子（雲状のサイ）であり、生命体（人類、植物等）から放出されているプラーナ（微細身素粒子、エーテル体、バイオフォトン）を意味している。換言すると、オーブ・スピン対群は、周波数（波長）の異なる**雲状の光子群の集合**から構成されている。しかも、緩い結合を想定しており、その為に**素粒子類似の性質**を持っているので、観測・測定する以前は、その存在は非局所的・不確定であると推定している。

空気成分の電離とエアゾール（埃、微細塵）によって形成された図1（b）の大気陰陽**イオンボール**（オーブ）が絞り込まれてゼロ場（ゼロ点）が形成され、そこに「**たまゆら**」の**核**ができる。撮影者（チャクラ、経穴）から放出されるサイ（気）とオーブ上の核が**同調**（**共鳴、共振**）して「たまゆら」になる。そして、**カオス・アトラクター**を伴って成長して**円内の表情**を形成し（意味のある模様）、写真に写る事になる。

なお、以上の大気陰陽イオン・ボールとオーブ形成は物理現象である場合が多く、これに**撮影者**

から放出されるサイ（気）が共鳴・加算されて「たまゆら」になる、と判断・仮定している。

（3）オーブ・モデルの提案

図1にモデル（仮定）を示す。図1（c）がオーブ、図1（b）がイオン・ボール（プラズマ・ボール）、図1（a）がオーブ・スピン対群（太極、双極子状・巴型）である。つまり、あらたに、（たまゆら）＝（オーブ）＋（自己・サイスピン対群）

となる。ここに（自己・サイスピン対群）とは、撮影者自身の「個人的なサイ（気）」である。なお、この場合のサイ（気）は図1（a）のオーブ・スピン群と同種・同類（フラクタル構造）である。

図1（b）において、オーブが球形になるのは、イオン・ボール間に働く弱い引力によって凝縮し、それぞれの表面に張力が働き、表面積が一番小さくなるのが球形である、からである（図の大円実線）。図1（c）で実線大円の外側の大円点線は**水膜**を意味しており、これには既知の表面張力がある。別報で述べた様に、近赤外線は（水と親和力が高いので）噴霧水滴（キリ状）に急速に吸収される。また図1（b）、（c）に含まれるエアゾール（埃、微細塵）は、空間電界によって帯電しており、オーブの核になる可能性が高いと判断している。

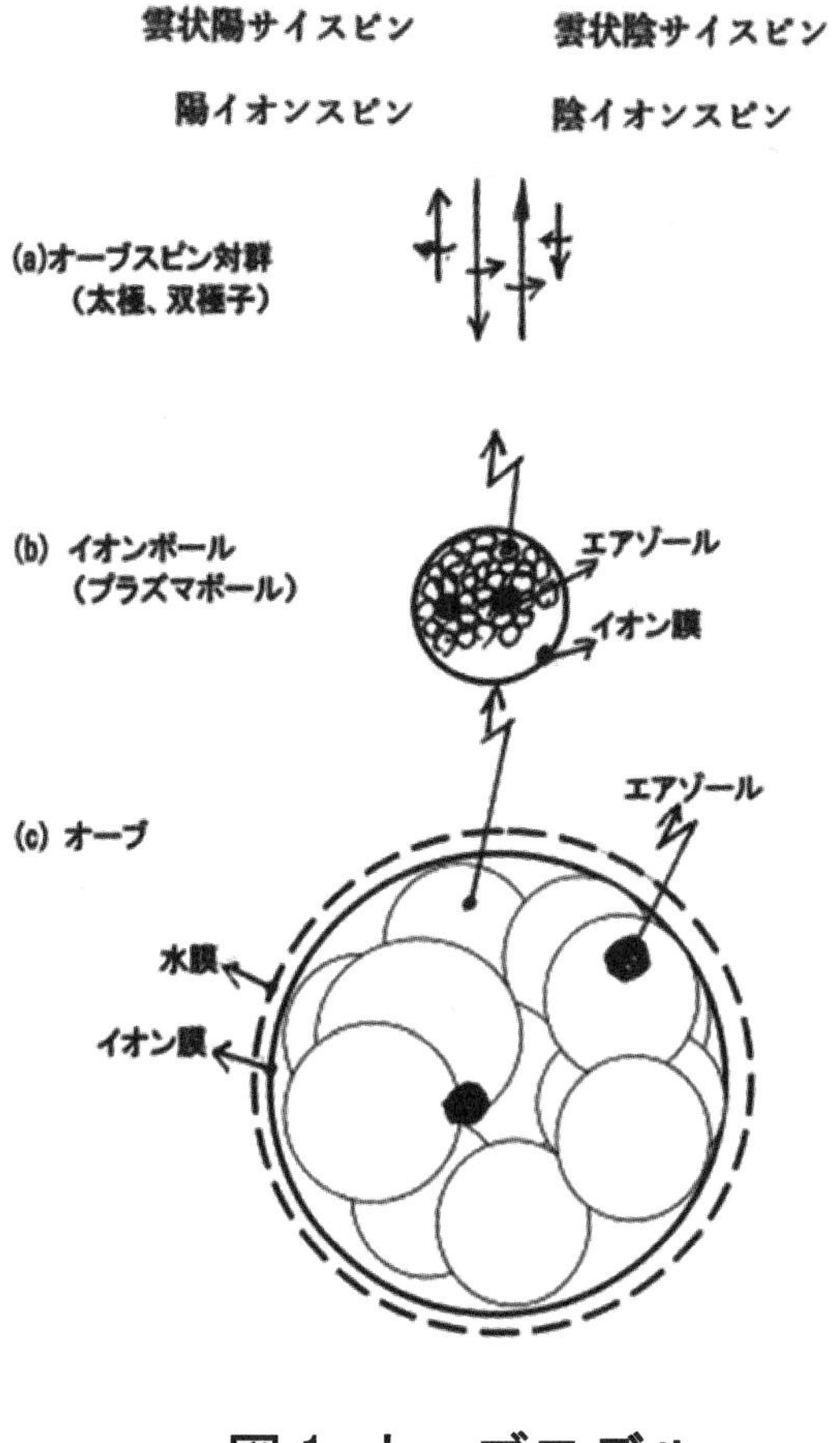
雲状陽サイスピン
雲状陰サイスピン
陽イオンスピン
陰イオンスピン
(a)オーブスピン対群
（太極、双極子）
(b) イオンボール
（プラズマボール）
エアゾール
イオン膜
(c) オーブ
エアゾール
水膜
イオン膜

図 1. オーブモデル

サイ（気）は、雲状の電子、陽電子、微細身素粒子（プラーナ）群から構成されている。電子は空気中でも割合に安定に存在しており、陽電子は宇宙線や各種のガンマー線照射（自然放射線等）によって得られる。

さらに、**低次元のプラーナ**はエーテル（エネルギー）類似である。つまり、サイ（気）は、周波数（波長）の異なる雲状の光子群の集合から構成されているが、素粒子の性質を持つ（電子群、別報）ので、観測・測定する以前は、その存在は不確定である。

（４）「たまゆら」の形成と内部模様

大気イオン・ボールは、ほぼ近赤外線領域の周波数を保ちながら、回転しながら進行・増大しているが、陰と陽の巴型の組合せで、スピンに伴う絞り込みによる両者間の押合いの力（エネルギー）がほぼ飽和する（変曲点）まで活成化させた時に**ゼロ場**が出来る。

つぎに、絞り込まれて、点状になった時をゼロ点と呼ぶ。ゼロ点はマクロ現象がミクロ現象に変換する変換点でもある。ここには**「たまゆら」の核**が形成されており、**撮影者から放出されるサイ（気）とオーブが共振・共鳴（同調）**して**「たまゆら」になる**（生起する）、と推定している。

「たまゆら」は、外部からの光エネルギー（例、フラッシュ光）の助けにより、次第に進行してカオス・アトラクターを画き、オーブ（たまゆら）の円形内に意味のある模様（表情）を形成する事になる。カオス・アトラクターの内容（模様）を決めるものは、未知なる存在（SG）であろう、と推定している。

（５）実験値との対応

川崎利男ならびに佐々木茂美らの実験によると、

①スプレーによる水滴（噴霧、キリ）が蒸発して消える頃にオーブが発生する。水滴は直形約２㎜以上になると、重さがあるので空中に留まる事は出来ない、と言われている。したがって、空間に浮かんで写っている２㎜以上の直径の乳白色発光球体（内部模様が無い）はオーブ（たまゆら）である可能性が高い。しかし、

②雨降り時に写真をとると、多数の微小白点が写る場合がある。円内に模様が無いのは多分雨粒であろう。同時に写る大中小直径で内部模様（表情）のある乳白色円形は多分、オーブ（たまゆら）であろう。

③空間に浮かんでいる真のオーブ（たまゆら）と思える乳白色発光体をみる。ヘイロー（Ｈａｌｏ、光の輪）は均一で短く、円の輪郭は割合に鮮明で

あり、円形内部には模様があり、半透明で輝いている。この輝きが、フラッシュ光による反射光に依るものか、または、原子内の電子の移動に基づくエネルギー緩和（発光）に依るものか、は現在不明である。さらには、未検討であるが彩度、明度、色相、がどの程度か。これらを測定し、比較検討する事が出来れば、真のオーブ（たまゆら）か、または雨滴の反射に依る偽オーブであるか？を判断することが出来るだろう。

④空中に写される水滴（**偽オーブ**）は、乳白色発光体で不透明である。直形が約２㎜以下であり、ヘイロー（Ｈａｌｏ）は不鮮明、円形内部に模様（表情）は無く、ほぼ均質である。

３・２　オーブとプラズマ・モイド

（１）はじめに

オーブは、空気成分の電離した薄暗い空間を、デジタルカメラ（ＣＣＤ）を用いてフラッシュ撮影した時に、乳白色・小円形状のノイズとして撮影画面に映り込んでくる。一般には、デジタルカメラは焦点距離が短いので、レンズ付近の埃や水滴等を写す（偽オーブ）と考えられていた。

しかし焦点距離を長くした「ズーム撮影」でも写ること、ならびに、撮影者の意識に同調して写ることなどから、重要な研究課題であると判断している。

しかし、オーブ形成の初期段階の実験値が不足しているので、不明の点が多い。本報では、オーブ形成の初期段階とプラズマ・モイド、キリ（霧）、雨、等の水とオーブの関係を検討する。

（２）実験・撮影について

（２・１）撮影・実験方法

画素数の少ないデジタルカメラのニコンＥ－２２００（２２０万画素数）。ならびに画素数の多いカシオＥＸ－Ｚ２０００（１４１０万画素数）、カシオＥＸ－ＺＲ７００、カシオＥＸＩＬＩＭ　ＥＸ－Ｓ１を用い、カメラの焦点距離を「通常（望遠無し）」、並びに「望遠ズーム（倍率は液晶モニター上で示す）」に選び、フラッシュ光を併用して撮影した。

両者を比較すると、「望遠ズーム」で写された真オーブは、オーブの数が少なく、Ｈａｌｏは小さく、輪郭は不鮮明、内部模様は少なくなる傾向がある。偽オーブを避ける為には、実測・撮影の場合、「望遠ズーム」を用いて撮影する方法が有効であろう。

撮影条件は、露出モードをオート撮影（Ｐ）に合せる。これは絞りとシャッターの組み合せをカメラが自動的に選定して撮影する方式である。

撮影時間は、夜間の20時00分～21時30分の間。

撮影月日並びに場所は、写真ごとに付記してある。

撮影場所は福島市、千葉市、東京都、台北市（台湾）等である。

なお、真オーブ（たまゆら）は近赤外線領域に潜んでおり、目には見えない（活性化エネルギー、約1.38［eV］）。そこでシャッターを半押しにして、液晶モニターを機能させて（近赤外線像が写る液晶モニター上に）から観察し、撮影する方法を用いた。

撮影場所については、オーブが写り難い場所と、良く撮れる場所がある。しかし、なかなか撮れない（オーブが居ない）場所でも、天候条件等の物理的ならびに、無心で熱心に撮影するなどの心理的条件（ＡＳＣに近づける）を揃えると写るようになる。良く撮れる場所とは、寺院仏閣（祈りの場）ならびにパワースポット等で、何回も普通（通常、既知）のオーブが撮れる（存在している）場所をいう。

なお オーブ（たまゆら）の実験は、開始されたばかりなので不明の点が多い。したがって、提示する写真の正当性の提示が必要になる。再現性の観点からは、２例以上の写真提示が必要であるが、本書にはページ数の制限があるので、数多く提示する事は難しい。一例のみを提示する場合でも、２例以上の同一内容の画像がある場合のみを扱っている。

（２・２）プラズマ・モイド

得られた結果の一例を写真１～３（P.242～P.243）に示した。写真１は２０１５年２月28日（土）、晴れ、気温（最高８℃、最低零下２℃）、福島市飯坂。写真２と写真３は２０１４年３月18日（火）、極小雨の降り始め、気温（最高14℃、最低３℃）、福島市の実験室前。写真２と写真３の間には約７秒間の時間差がある。

写真１（P.242）は、気温が下がりはじめ（少し寒くなる）で、「これから雪降りかな？」と思える時に写されている。図の左上方にプラズマ・モイドらしき乳白色物（モヤ、キリ状）が写っている。

写真２～３（P.242～P.243）は、晴れの夕方で、肌寒

く、ほんの僅かに小雨が舞う感じであった。写真2は、ほぼ全面に、写真3は左上方にプラズマ・モイドらしき乳白色物が写っている。乳白色の雲状物質は形状、姿、模様、撮影状況等から見て、雲やキリ（霧）ではなくプラズマ・モイドであると判断している。

なお、目視では、撮影時の大気中には、ケムリやモヤ等は存在していなかった。撮影条件としての撮影者の意識や感情の記録については、計測出来ないのが残念である。撮影の現場では、なかなか写り難く、何回やっても撮れないので、無心になり、何も考えずに一生懸命に撮った時に、撮影出来たと判断している。

（2・3）キリ（霧）との関係

写真4〜6（P.243〜P.244）では、スプレー式噴霧器のノズルを用い、霧（キリ）を発射した時の霧とオーブの関係を撮影した。

写真4（P.243）は２０１３年10月6日、晴れ、千葉市で撮影。図の左下方に霧があり、その右上方に中形球状のオーブが4個、その延長線下方にも4〜5個のほぼ同形のオーブが写っている。

この場合も、霧があると、オーブが写りやすくなる。右上方の3個のオーブには、核（不純物）が表面を辷ったと思える様な針金状の平行2本線（溝）が12時35分方向（時計の時針で方向を指示）に走っている。

写真５（P.244）は２０１３年10月16日、千葉市で撮影。図の左下に噴霧器のノズルとキリ（霧）が写され、その上方には、場違いとも思われる程の大球形のオーブが写っている。キリが消滅して水蒸気（非可視）になってからオーブが出現したと思えるが、キリを噴霧した場合（図示の）以外では見当らないので、この大球形状オーブはキリ噴霧の為であろう、と判断した。

写真６（P.244）は、台湾・台北市で撮影された。２０１４年10月16日、晴れ、気温（最高24℃、最低14℃）、図の左側に噴霧器と噴霧水、画面上半分に微小なオーブの大群集が写されている。これもキリを噴霧した時以外では見当たらない。図の下端には、市内の沢山の街灯が見える。

（２・４）雨との関係

写真７（P.245）は、大雨（降り）時に撮影されたものである。２０１３年10月16日、大雨降り（台風か）、千葉市で、５秒間隔で自動連写している。総ての撮影画面にオーブと雨粒が写っている。

代表例として写真７を見ると、雨粒とオーブが混在しており、区別がつかない程である。撮影された一枚毎に出現場所、個数や円内模様は同一ではなく、変化している。雨粒と比較して、真オーブは内部模様（マンダラ状、唐鏡状、非対称干渉縞、等）があり、輪郭は鮮明、Ｈａｌｏは小である。

なお、一般には、空間に直径２㎜以上の水滴は保持されにくいと云われている。したがって、図の右端の大球形状発光体は、乳白色で内部模様はないが、真オーブではないだろうか、と判断している。何れにせよ、雨降り時には、オーブが発生しやすいことは確かである。

（3）考察ならびに検討

（3・1）従来の結果（文献調査）

①別報（サイ科学、2004、Vol．26、No．1、pp．13‐20、その他）で、著者らは、気功水の電気伝導率変化からサイ（気）の性質を調べた。サイ（気）の活性化エネルギーは、

△H＝32［kcal／mol］＝1.38［eV］

であり、これは近赤外線領域に相当する。気功水の赤外線分光分析（IR）ならびにレーザーラマン分光分析を行なったところ、スペクトルの位置は変わらないが、吸光度が低下する（Intensityは0．9943から0．6579に低下する）。

ところで、別の実験では、一般に、気功水の電気伝導率は対象（蒸留水）よりも増加する。さらに、測定水槽（恒温相）の温度を上げると電気伝導率は増加する。これは気功エネルギーにより水が活性化され水の電離反応が進行し、温度上昇に伴いさらに電離が進むためと推測される。他方、ミラー（米）は、手かざし処理で得た処理水（気功水）の表面張力が701から629［dyne／cm］に減少し、

赤外線分光分析の強度（Ｉｎｔｅｎｓｉｔｙ）も減少する、と報告している。

②別報（サイジャーナル、ＰＳＩＪ、Ｎｏ．４２８）参照の実験結果を見ると、意識と体外にあるオーブとは、情報交換をしている可能性があるので、本稿で扱うオーブ現象はマクロＰＫであり、両者の間を仲介する（伝達）物質はサイ（気、プラナ、微細素粒子、オーラ）であると考えられる。つまり、オーブ（たまゆら）は撮影者の意識（ＡＳＣ）と同調して生起してくる。さらにオーブの構成要素はＰＳＩ－ｓｐｉｎ群であり、雲状の電子、陽電子（または陽イオン、陰イオン）、と陰・陽の微細素粒子（プラナ、オーラ、気）から構成されている。

（３・２）本報の検討と考察

①スペクトルの吸収波数から水のＯ－Ｈの伸縮振動が、気功水〔処置〕では原水〔対象〕に比べ起こり難くなると推測される（構造化が進む）。この現象を水のクラスターモデルで考えれば、気エネルギーにより水分子が凝集しクラスターが大きくなることを意味する。

なお、文献によると、水分子同士を結合している水素結合の結合エネルギーは約10〔cal／mol〕である。一方サイ（気）変化の活性化エネルギーが、△H=32〔kcal／mol〕であることから、サイ（気）によって水素結合が切断されるようなことが起こり得ると考えることができる。しかし気功水の吸光度は低下することから水素結合の切断現象は起こっていないと推測される。以上は、気功水以外の、一般の水の場合に成立している結果である。

②気功水の場合は、核磁気共鳴法を用いた場合の結果として、水のO－Hの伸縮振動が、起こり難い場合と起こり易い場合のある事が報告されている（サイ科学、２００４年、Ｖｏｌ．２６、Ｎｏ．１、ｐｐ．１３－２０）。これらの詳細は、現在のところ不明なので、ここではサイ（気）または気功水の実験結果を基に考察を進めることにする。

なお、別に、フラッシュ光を用いてオーブを撮影した場合には、赤色や青色などの色変化のオーブが撮影されてくる。これは、水素原子内部において電子の量子飛躍と緩和が生じていること、ならびに電子は軌道間にのみ移動が可能なことから、O－Hの伸縮運動に加算して、水素原子自身の活性化（格子振動の増加）を考えざるを得ない。

③これまでのオーブに関する研究から、オーブの出現には水蒸気および実験者の意識（ＡＳＣ）が関わっている可能性が指摘されている。上記の気功水の吸光度の低下結果と考え合わせると、我々の意識（サイ）エネルギーにより、薄い水蒸気が凝集し、オーブ生成に関わっているのではないかと推測される。

（３・３）サイ（気）と水の親和力

地球の表面付近に存在する大気（空気）成分は、

容積比で、窒素分子（約78％）と酸素分子（約21％）が大部分を占めており、水蒸気（H_2O、非可視）は僅かに0.1～3.0％であり、その他として二酸化炭素とオゾン等がある、という。なかでも水蒸気は、季節や地形による変動がかなり大きい。空気中に水蒸気が多くなると、凝固して雲や雨になるが、凝固には核が必要であり、これをエアゾール（埃、塵）が分担している。水とオーブとは親和力が高い。空気中に水蒸気が無いと、オーブは非常に出難くなる。

地球を取り巻く空気の一部は、宇宙線の照射や空中電界のために電離していて、上層部は陽（＋）、地表部は陰（－）に帯電している。したがって、地球は電磁気学的には巨大な球形・地球コンデンサー（約30万［V］）として存在している、という。通常は、地球表面は陰に帯電しているが、厚い雨雲（積乱雲）がやってくると、地表面は陰（－）から陽（＋）に帯電が変化することになる。

このような時には、空気中の陰イオン群と陽イオン群（荷電粒子）間に対流が生じ、大気陰・陽イオン群が形成され、オーブが形成され易くなる。

雨が降り始めると、電離はさらに進み、オーブも増加する。また、大気中にある雨の水滴として の最大径は約２㎜、雲を構成する水滴径は約20μm（0.02㎜）である、という。空気中に含まれる水分（水蒸気）は、気温の低下につれて凝縮してモヤ（キリ）になると考えられている（水の飽和曲線を境にして)。大気中では、水は、空間電位や宇宙線等のために電離して大気陰イオン(OH⁻)、大気陽イオン(H+)、電子(e⁻)の状態に成っている。それぞれはスピンしているので、陰と陽が互いに引き合って、陰陽の巴型状素粒子群(PSI-spin群)を形成している(別報、PSIJ、2016年9・10月号、11・12月号参照)。

上の(3・1)で述べた様に、著者らの別の実験では、気功水の電気伝導率は対象(蒸留水)よりも増加する。さらに、温度を上げると電気伝導率は増加する。またミラー(米)は、手かざし処理で得た処理水(気功水)の表面張力が701から629[dyne/㎝]に減少し、赤外線分光分析のIntensityも減少する、と報告している。

大気中にある水(キリ)は、構造的には3重構造になっていると仮定する。中心に水(分子)、その外側に水蒸気(分子、非可視)。その外側に陰・陽イオン群、中にはPSI-spin群がある(非可視)。気温としての温度が下がる場合には、水蒸気がモヤ(キリ、水)に成る傾向がある。

このとき、サイ(気、プラナ)は、水分子間の水素結合を強めるので、温度が低いか、サイが強い場合には、オーブになり易く、温度が高いか、サイが弱い場合はプラズマ・モイドになり易い。**プラズマ・モイド**は単一水分子と陰・陽イオン群の集合体(非球状)であり、オーブ(たまゆら、球状)と同一(構成要素)である。

結論として、撮影の際にサイ（気、プラナ、オーラ）をより多く存在させ、しかも気温が低い場合には、水分子と水分子を結び付ける水素結合力が強くなるために、オーブ（たまゆら）になり、気温が高く、サイが弱い場合は水分子と水分子を結び付ける水素結合力が弱くなるためにプラズマ・モイドの方が発生し易くなる（写り込みやすい）傾向があると判断出来そうである。

3・3　水滴（霧）とオーブとプラズマ・モイド

（1）はじめに

オーブの研究はデジタルカメラによるフラッシュ撮影からスタートする。先輩のアドバイスによると雨、雪、霧、塵埃等も同時に乳白色球形に撮影されるが、これらはいわゆる『偽オーブ』である。

ところで、台風26号（２０１３年10月16日）襲来の豪雨並びに２０１３年10月24日の夜の霧雨時に撮影したオーブ写真をみると、雨や霧による水滴とオーブの間に関係のある（まぎらわしい）事が判った。他方、従来からの経験によると、雨の降始めにオーブは出現しやすく、水と親和力が高いことが知られている。

そこで、今回は、あらためて実験計画をたてて、スプレーによる噴射水（キリ）条件下でオーブを出現させる事を試みた。結果として、水滴（キリ）の消失後に真オーブや大気プラズマ・モイドが出現することが判明した。

（2）定性テスト実験

人工的な降雨や霧に近い環境づくりとして、庭の撒水ホース、ヘアー・スプレー、園芸用蓄圧式スプレーの３種を選んで、簡単な比較実験を行った。

園芸用の撒水ホースからはオーブがやっと出たという感じ、ヘアー・スプレー水（小林コーセー製）は噴霧が細かく、この時には、多量のオーブが出現した。園芸用（業務用）蓄圧式スプレーからは微細な噴霧水がノズルから定常的に出て、オーブもよく出現した。

そこで結論として、室外では**園芸用蓄圧式スプレー**を採用して、屋外の毎日の実験に使用することにした。なお、これとは別に室内の立木観音堂での実験では、取扱いが容易な**ハンド式のヘヤー・スプレー**を用いた。

（3）実験方法・機器等

使用カメラは、カシオ・エクスミリ　ＥＸ－Ｓ１２及びカシオ・エクスミリＥＸ－Ｚ３３０。三脚に固定。撮影の条件は通常の連写で、ボタンを押し続け、５秒間隔で連写する。ＩＳＯ感度３２００または１６００。ストロボ光力は＋２。

結果を見ると、偽オーブは円形乳白色で不透明である。真オーブは同様に不透明もあるが、多くは半透明であり、その内側に何らかのパターン（模様、表情）を持っているので見分けることが出来る（本文写真参照）。これらの予備実験を基にして、スプレー噴射水を使用して実験に進んだ。

室外の実験場所は千葉市緑区の（故）川崎利男氏宅。蓄圧式スプレー水散布条件下で実施。夜の20時00分頃～21時00分頃、2階のベランダから西南の方向に、2台のデジタルカメラ（三脚の定点撮影）で、ストロボを発光し、連写する。カメラを2台用いて毎回300～400枚撮影する。

室内撮影は東京都江戸川区の立木観音堂。実験時間は昼間の11時00分頃～12時00分頃、ヘアー・スプレーを用いて撮影した事以外は千葉市と同一（詳細は後述）である。

（4）実験結果

始めに、千葉市の（故）川崎氏自宅二階ベランダ（室外）で撮影した結果を示す。スプレーによる噴霧水が、写真画面の片隅に写る様に、カメラの位置を設定して実験を行った。噴霧水（霧）は何時も写るが、オーブは写る場合と写らない場合がある。しかし、噴霧水放出の最初（頭首）から写る場合は殆ど無い。

２０１３年11月6日（水）に行った一例を写真Ｎｏ．１３１１０６（１）（P.246）に示す。写真の左上から下方に放物線を描いて霧（キリ）が写っている。今回の度重なる実験・観察によると、オーブ出現時間は、噴霧水放出直後ではなく、放出後5～10秒経ってからである事が判った。

この時の、オーブ出現の極初期段階と思われる一例を写真Ｎｏ．１３１１０９（P.247）に示す。霧群の中に小粒の光球が出始めており、同時に、天空（上方）から下方に向けて、１個所（筋状に）に、重力線方向に並ぶ２～３個の小光球集団が見える。つまり、オーブの芽（小球）は、向こう側から、噴霧霧群に向かってやってくる様子である。

なお、これと同一の別の実験結果（写真）は別報で報告してある。

２０１３年11月８日(金)に実施した写真Ｎｏ．１３１１０８（１）は、オーブが大きく成長した場合の一例で、大直径のオーブが写っている。写真Ｎｏ．１３１１０８（２）は、右上に写された大径オーブの拡大写真の一例である。大直径の円形オーブ像の輪郭は、明瞭。外側に向けて放射線状の短いＨａｌｏ（ヘイロー）を伴っている。内部には核（エアゾール）らしい小球状模様がある。

２０１３年11月９日（土）に撮影された一例を写真Ｎｏ．１３１１０９に示す。霧は消えており、大小のオーブが写されているが、特徴的なこととして、ほぼ中央にある大小３個のオーブには、円内の核（エアゾール）が滑ったと思える筋目痕（針金状）が写されている。以上の、それらの写真を見ると、霧は極小粒で円形内部に模様が無い。オーブは大径（大粒）で円内部に模様を持っている事、などから霧とオーブは異なるといえよう。

今回の実験では、以上をも含めて、５秒ごとにフラッシュ連続撮影を続けているが、その都度、短い時間でパッ、パッ、パッ、パッ、と、撮影された場面が変わる。**つまりオーブは集団でやってきて、その大きさ（大小）、出現数、場所、などは様々に変化する。**つまり**素粒子類似の集団行動**を取っており、その出現は非局所的であり、ランダムである。出現した確率を調べると、連写の今回の実験の場合は**約5％**である事が判った（手押しの場合には確率は上る）。以上を纏めると、

①霧は、オーブ生成のきっかけを作っている。つまり、

②噴霧散水に誘われてオーブが出現する。

③霧は消えても、オーブは残っている。

④オーブは**集団行動**を取る傾向がある。

⑤出現には**素粒子類似の性質**が表れている（ランダムである）、といえよう。

つぎに東京都江戸川区内において、室内で撮影された場合の一例を示す。実験場所の立木観音堂は、毎月の17日が縁日で、（故）川崎利男氏は月参りをしていた。２０１３年12月、２０１４年１月、２月と、スプレー噴射条件下でフラッシュ撮影を重ねたが、どうしても写らなかった。それ以前にも毎月の17日ごとにスプレー噴射なしで撮影を重ねたが、１~２個程度の出現はあったが、

沢山出る事は無かった。

２０１４年３月17日に、ハンド・スプレー噴霧水で撮影した。スプレーからは１分間に３～４回程度、間欠的に噴射水を放出する方式を用いた。噴霧開始後約３分後（34枚目）に出た。この時は、一回（１撮影画面）に16個のオーブ出現が認められた。この様な多数の出現は、何回も幾日も続いた。

たとえば、写真Ｎｏ．１４１１１７（１）（P.248）は、２０１４年11月17日に撮影されたものである。（故）川崎利男氏が観音様の前に座り、「般若心経」を唱えている。この写真には、無数の透明感のある美しい大小のオーブが写っている。特徴として、各オーブには、核（エアゾール）が１～２個入っている。また非対称の干渉縞模様も写り込んでいる。

仏壇逗子のなか（戸口の木枠の奥）には、立木観音様が立っている。右側の戸口付近にいるオーブを見ると、木枠の手前にオーブがいる（右上）、その下にいるオーブは、奥に出現していて、木枠に遮られて半分しか見えない（４個）。これは真オーブの証拠のひとつである。

写真Ｎｏ．１４１１１７（２）（P.248）には、観音様と仏壇逗子内部が見えないほどの沢山（無数）のオーブが写されている。

写真Ｎｏ．１４１１１７（３）（P.249）には不思議なことに、煙状模様の（通称）プラズマ・モイドが左上に写っている。この時、ろうそくは消してあり、線香からは極僅かに、煙が出ていて（写真では写っていない）、写されている。１分間に３～４回程度に撮影された写真画面（オーブと煙状物質）を見ると、パッ、パッ、パッ、パッ、パッ、パッ、パッ、と煙状物質とオーブは、集団的に入れ変っている。したがって、煙状物質（見えない）が線香（見える）の煙であるとは考え難い。

（5）検討ならびに考察

実験結果には、環境（物質面）と撮影者自身の精神的な面が関係している様子である。

（5・1）物質面を検討する

ノズルから放出される（直後の）噴射水（霧）は空気と混合して白色に見え、白色に撮影されている。この霧が大気中で蒸発すると、水滴は消えて、無色透明の水蒸気になる。この気体水蒸気の水分子は、ほとんどが単分子状態であると考えられる。これが、もし、高温低圧力のなかにあれば、一部は水素と酸素に電離されることになるだろう。この水蒸気が大気プラズマ・モイドに成る場合を想像する。プラズマ・モイドとは「太陽フレアなどの衛星観測において、閉じた磁気面で囲まれたプラズマのかたまり（高エネルギー）」を意味している。

上述の写真Ｎｏ．１４１１１７（３）には、大気プラズマ・モイドと思われる煙状物質が写されている。しかも、**非可視**（近赤外線、1.4［eV］）である（**低エネルギー**）。撮影時の実験条件をみる。

立木観音像の高さは約３ｍ程度である。観音像の前には、煙がでている線香（高さ方向に約20㎝以内の煙が見える）が２本立ててあり、ろうそくは消してある。

デジタルカメラは床板から約30㎝の高さに固定設置、ハンド・スプレー水は床上約50㎝（座って噴霧）から放射。箱形逗子内の煙状物質（非可視）は床上１ｍ～３ｍに写されており、前後左右、上下などに、複雑な模様を描いて様々に変化している（見えないが、写真には写っている）。

さらに煙状物質の量は線香の煙の約１００倍以上もある。また約20秒以内毎に**オーブ、煙状物質と画像が入れ替わっている。**これらから、煙状物質は線香の煙では無いことは確かであろう。

他方、スプレー水は、放出された後、空気中で水蒸気（無色透明）になるが、これが、すぐに、再び霧（白色）に戻るとは考えられない。気体の蒸留水になった噴霧水は、電離して、大気イオンに変化するものと判断できる。これらを受入れている蒸留水廻りの空気は、すでに部分的に電離している（別報）。

つまり、大気中には空気が電離してできた大気陰イオン、大気陽イオン、電子、ならびに極微粒子のエアゾール等が非可視の大気イオン・ボール（プラズマ・ボール）を造っており、約30万［V］といわれる大気電界内（地球コンデンサー）のなかに、存在している。

イオン・ボール（プラズマ・ボール）は陰イオン群と陽イオン群が組合わされて巴型になり、これが回転して球形を形成した群集団である。この大気イオン・ボールと、噴霧水が形成した大気イオンとはともに素粒子類似であり、同種・同根なので、両者は同類である。

このとき、回転している大気陰、陽イオン間の結合が弱い場合には、球形（オーブ）には成らず、煙状の大気プラズマ・モイドに成る、と考える。

例えば、大気陰、陽イオンの基に成る電子対が電子と陽電子のように強い結合状態である場合には、イオン・ボールはオーブ（球形）に成る。そうでない弱い結合の時は、プラズマ・モイドになる。

さらに、陽電子形成には、通常は、宇宙線やγ線の対消滅などから得られる高エネルギー（例、約1.02［MeV］）を必要としているが、素粒子にはトンネル効果という現象があり、これによって陽電子形成とオーブ現象が起こりうる可能性がある。例えば、上記のプラズマ・モイド現象は、大気中の低エネルギー状態で生起している。同様に、大気中の陽電子も、低エネルギー状態で得られた可能性が大である。

なお、トンネル効果とは、素粒子には、時間とエネルギーの不確定性原理（ハイゼンベルグ）があり、時間を極大きくするとエネルギーは小になり、時間を極小にすると、エネルギーは大になる。つまり古典的には乗り越えられない様な大きいポテンシャルの障壁を、不確定性原理に依って、極低エネルギーでも、トンネル現象として、乗越える事ができる。

素粒子には粒子と波の両面性があり、粒では乗超えられないエネルギーの山を、波なら廻りこんで、滲み出して、乗りこえる事が出来ると考えられている（トンネル効果）。この効果が作用していると判断している。

（5・2）精神面を検討する

精神又は心は、素粒子と類似の性質を持っているので「あまのじゃく」であり、コントロールする事は難しい。

他方、体外にある物質と意識とが直接に接触する現象をマクロＰＫといい、この時、仲介物質（又は情報）をサイ（気）という。

大気陰・陽イオン・ボールとサイ（気）は同種、同根であり、サイ（気）は微細身素粒子（バイオフォトン、オーラ）を含んでいる。

オーブと撮影者が持つサイ（気）とが共鳴、共振しないと、オーブ現象は生起してこない。同一場所で撮影しても、なかなかオーブが生起してこない（両者は同調しない、集まらない）のは、両者が類似では無いからであろう。

しかし、その場所で一度生起する（特定のサイが住み着く）と、次回からは容易に出現、生起するようになる。

（6）結論

実験は、水滴（霧）噴霧の方法を用いてフラッシュ撮影をし、オーブとプラズマ・モイドが出現する状況の検討を行った。結果として、環境（物質面）および撮影者自身の精神的な面が、ともに、大いに関係することがわかった。

①物質面として、ノズルから放出される（直後の）噴射水（霧）は空気と混合して白色に見え、この水滴は消えてから無色透明の水蒸気（キリ）になる。この水蒸気が大気プラズマ・モイドに成ると推定可能である。

②精神面を検討する。精神または心は、意識と無為識を含んでいる。意識的と思われる行動も、実は無意識が原因である場合が多い。無意識や心は時間や空間の枠組みを超えている。つまり心は「あまのじゃく」であり、コントロールすることは難しい。サイ（気）も同一である。

他方、体外にあるオーブと、撮影者が持つサイ（気）とが共鳴、共振しないと、オーブ（たまゆら）現象は生起してこない。両者が同調しないとき、つまり、オーブが出現しないのは（光集団が集まらないのは）、両者が類似では無いからであろう、と結論を付けられる。

（注）本稿の実験計画と実験実施は（故）川崎利男氏が担当した。

４・１　初期段階における　ラビット動オーブ

（１）はじめに

オーブの静止画像は、デジタルカメラを用いて、薄暗い空間にむけてフラッシュ撮影したときに、小円形状のノイズとして写り込んでくる。レンズ付近にある埃、水滴などが写り込んだものは偽オーブである。他方「望遠ズーム」状態にしたときに真オーブは写る、意識に反応しているらしい、オーブの動的な変化挙動が測定されている、などから重要な研究対象であると判断する様になってきた。

しかし、オーブの実体は何か、どのような性質か、再現性の有無、等が不明であった。特にオーブ出現の初期過程の動的なデータの不足は著しかった。本報は、これらの疑問点に焦点を絞って検討を加えたものである。検討結果として、**オーブは光子群の集合体**であり、その形状、寸法、色合い、等が動的に変化する。ある程度の（30％程度）再現性はある。撮影者の意識（ＡＳＣ）に反応し、応答した行動をとる等の結果が得られている。

（２）撮影・実験方法

使用したデジタルカメラはカシオＥＸ‐ＺＲ７００、カシオＥＸ‐Ｚ４０。ビデオカメラはパナソニックＨＣ‐Ｖ２１０Ｍである。偽オーブを避ける為に、デジタルカメラ　を「望遠ズーム」状態にし、シャッターを半押しにして近赤外線をカメラから放射させて、カメラの液晶画面が機能する（非可視の近赤外線域に潜むオーブが見える）ようにしてから、液晶画面上にオーブを呼び込む。つまり

「オーブさん、来て下さい」

「キテ、キテ――」

とお願いする。聞き届けられて液晶画面上にオーブが写し出されたら（出現したら）、これを別置きのビデオカメラで動画として撮影する。このようにすると、オーブは可視光線域まで、色あいが変化してきて（見える様になる）写される場合が多い。

さらに、動画が「手ブレ」によるものでない事を確かめる場合（本文の　２―１）以外では、ビデオカメラを手持ちにして、「手ブレ」が無い様に注意して撮影している。これは、三脚上に固定してある場合には、画面からオーブがはみ出てしまうので、写すことが不可能になる為である。

（3）撮影・実験結果

撮影・実験場所は長野県・伊那市で、２０１５年12月19日、２０１６年2月15日～17日。夜間の6時00分～8時00分、デジカメ撮影・実験者は

佐藤禎花師（女性）、ビデオ撮影者は宮下恵氏（女性）、佐藤師は特異能力保持者である。

（３・１）点状オーブの移動

この場合には、ビデオカメラを三脚上に固定する。対象としての固定点（光源）を設け、出現した光点状オーブとの間の位置変化を、ビデオカメラで撮影した。得られた動画を00分54秒00を出発点とし、00分54秒10毎にコマ送りして、キャプチャした画像を５枚重ねる事によって点状オーブの移動を調べた。

分かり易くするために、画面の白黒を反転して表示してある。佐藤師は、出現した光点状オーブに対し、

「これから、手ブレで無い事を確かめるので、ゆっくり動いてね」

と、お願いした。すると、ゆっくり動く光点状オーブが出現した。５点のみを記録した。これを拡大して図１（P.250）に表示した。

４点はほぼ11時25分方向（時計の時分針で方向指示）に配置されてあり、初めの１点（４点の最下部点、見えにくい）は２時40分方向の斜め下に配置されている。極初期の出現のためか、極小粒の黒色としては、オーブは、ほぼ、画面の斜上方向に移動して行く事を確かめる事ができた。ただし、オーブとの間の距離が測定出来ていないので、速度と大きさは不明のままである。

（３・２）短時間変化　（０．００〜０．２００sec）

点状オーブが発達・進展して出来るラビット・オーブ（RO と略記）の移動状況について、ビデオカメラを手持にして、手ブレが無い様に注意しながら、撮影記録した。記録したビデオ動画の画面を、図１の場合と同様に、ラビット・オーブ（RO）の連続する位置変化（動画）を、０．０３３秒毎にコマ送りして、時系列の１コマ毎に切り取り、キャプチャした画像を重ねる事により７本（個）のラビット・オーブ（RO と略記）の移動を調べて、図２（P.250）とした。７個のオーブ像は時系列的には右側から順番に変化している。

図に見られる様に、極初期に出現したオーブは、７〜８［Hz］毎に（下記の分析結果から判断）、その型状・寸法や長さ，速度などが変化し、さらには、丸くなり、クルンと１８０度反転する傾向がある。あたかも、兎が跳びはねる様にも見えるので、本節で扱うオーブをラビット・オーブ（RO）と仮称する事にした。

さらに、ラビット・オーブの性質をより詳細に調べるために、キャプチャしたオーブ（RO）画像の反転部分（約１８０度）が、次の図４のグラフのほぼ中心に位置するように、静止画像の順番が代わらない様にずらせて配置した。

つぎに、画像分析ソフトＣｏｌｏｒ　Ｓｐａｔｉｏｐｌｏｔｔｅｒを用いて、それぞれのキャプチャしたオーブ（RO）画像を4種類の周波数（色のR_{avg}、G_{avg}、B_{avg}、Y_{avg}）に分割表示して、その時間変化を求めた。この画像分析ソフトは、切取り静止画像の各1コマ毎の画素のR、G、B、Yを座標軸とみなして、3次元空間に、その色の分布状況を視覚的に分析するものである。

結果の一例をグラフ表示して図3（P.251）とした。図3において、左上側にある図は、ほぼ丸型に変形・移行した時のROの切取り静止画像、これを右側ならびに下側に示した各図に解析してある。下側にある図は、各色（R、G、B、Y）の平均値（R_{avg}、G_{avg}、B_{avg}、Y_{avg}）、上右側の図は（この切り取り静止画像の）画素の色分布を3次元空間に表示したものである。

図4（P.251）は、連続動画からキャプチャした12枚のオーブ（RO）静止画像（12枚）を、画像分析ソフトを用いて（図3の方法を用いる）、各色合い（波長）の時間変化を求めたものである。縦軸は各色の割合、横軸は経過時間である。図に見られるように，各色（周波数）は、ほぼ同一の変化傾向を示しており、何れも中心部分では変化が低下する傾向の有る事、ならびにこの中心部分は、図2、図3の左上の静止画像、ならびに図5（後述）の（B）の場合と同様に、ラビット・オーブ（RO）の丸型（丸くなり、180度に反転する）にほぼ相当している事が判明した

以上のROの短時間変化の結果（図2などの場合）として次記が得られた。

ROは撮影画面の縦方向に頭と尾を持つ昆虫状（いも虫）の発光体として存在している（7本記載）。時間の経過とともに画面のほぼ横方向に移動するが、その速度は一定ではない。移動中に長さ、太さ、形状・寸法が変化する。また180度以内で方向も変化する傾向がある。

①例えば、長さが短くなり、頭と尾が合体して、丸くなる、傾向がある。

②丸くなったつぎの瞬間にクルリと180度反転する（頭を下に、でんぐりかえる）。

③反転後は長さが変わる（長くなる）傾向がある。また、

④反転時（方向変換）には、方向がわずかに変わる。

図3～図4（P.251）の画像分析ソフト結果から、

⑤反転時に、自己発光体としてのROは、すり鉢状に全体として暗くなり、次に明るくなる傾向がある。

⑥ROは色付き発光体である（Y，B，G，R）が、この色の変化は同一ではない。

以上、全体的な傾向として、長さが短くなり（丸くなる）、6～12［Hz］毎に180度反転する様子である。この周波数の中には周知のシューマン・

レゾナンス（7.8［Hz］）を含んでいると判断される。

（4）検討と考察

①測定結果に及ぼす「手ブレ」の影響について、測定時のものと同機種のビデオカメラを購入して、本報で調べたところ、手振れでは図2のようには撮影できず、本報告の結果はほぼ妥当であることがわかった。

②M．Ledwithは、著書「The Orb Project」のなかで、

（A）フラッシュ光によるオーブを構成する原子の、原子内部の電子の軌道間量子移動に基づく緩和現象に依って、オーブ自体が発光する（発光体）らしい。

（B）オーブは知性ある存在であり交信が可能である等と述べている。但し、これらはオーブの静止画像観察に基づいている。本報告の特徴はオーブの動画観察を行っている点にある。動画観察では、当然の事ながら、フラッシュ光は用いていない。両者を比較すると、動画の場合には

（C）オーブ構成要素自体（イオンボール内部）がそれぞれ、様々に、発光している。

（D）ほぼ同一である。つまり、オーブには知性があると言うM．Ledwith説を追認する結

果が、本報でも得られている。

（E）ラビット・オーブ（RO）の諸変化はシューマン・レゾナンス（7.8［Hz］）と深い関係がある様子である。

（5）結論

デジタルカメラ（デジカメ）とビデオカメラ（ビデオ）を用いて長野県伊那市で撮影された。偽オーブを避けるために、デジカメを「望遠ズーム」状態にし、カメラから近赤外線を出して「液晶モニター」を機能させ、その上に動的オーブを呼び出し、可視化してからデジカメで撮影した。つまり撮影者は変性意識状態（ASC）で、体外にあるオーブと情報交換をしている。

また、ビデオに写る様に、大気中で可視化してから、ビデオ撮影した。ビデオ動画として記録されたオーブは、1／30秒ごとにキャプチャして、Wordに貼り付け記録して解析した。オーブは形状、寸法、色合い（周波数）、速度などを様々に変化させて成長する。それらの変化は7.8［Hz］付近を周期として、変化する様子である。

例えば芋虫状で頭と尾がある。つぎに丸くなり、頭を下にして「クルリン」と180度反転して、また芋虫状になる傾向がある。兎が跳びはねるように「ピョン、ピョン」と変化するので、ラビット・オーブと仮称した。

4・2　スピリット・オーブの初期形成

（1）念球（光球）発生

念球（光球）は、ノイズを遮断した暗缶内に、意念の作用によって発生させた約１㎜直径の光球体である。内部には独立した自己発光性の極小球の集合がある。この光球は約6.5［Hz］の群パルス状に緩急を繰り返して移動するが、その速度は生体内の諸流動（神経系を除く）速度とほぼ同程度である。また発生した光球は室内光の明るさ（強さ）よりは小であった。しかし、ノイズとしての室内光や電磁破を混入させた場合には7.8［Hz］に近づく傾向がある。

（2）極初期段階

①生体内を流れる非可視の陰と陽の微細身素粒子（サイ、気、プラナ）は、皮膚上のチャクラ（エネルギーセンタ）を介して、体外に放出されてオーラになり、「雲状、意識（霊）要素ｓｐｉｎ群」が形成される。これは、体内を流れる陰と陽の「気、サイ、プラナ、微細身素粒子（チベット、東洋医学）」が太極状（巴型状）に組合わされたものを意味する。これらは生死、年齢、男女、種族、等の関係が無い。

②変性意識状態（ＡＳＣ）近くの撮影者の意念（オーラ）と、外部空間に存在している「雲状、意識（霊）要素ｓｐｉｎ群」が共振（同調）して、ス

ピリット・オーブ（S0と略称）が形成される。つまり、オーブには共振するオーブ（S0）と共振しないオーブがある。

③形成・出現したS0は、昆虫状（又は菱形、球形、別報参照）で長さ、太さ、寸法を変化（2～3倍）させながら移動する。

④画像分析ソフトを用いて解析すると、構成要素は光色の発光体（Y、B、G、R）であり、相関性が有る場合と無い場合が有り、独立して別々に変化する（20～30％の差）。しかしグループ（S0）としては約7.8［Hz］で明暗を繰り返す。

⑤地球磁場のN極並びに空間電磁場に影響されるS0の動きがあるが、これは、「雲状、意念（霊）要素ｓｐｉｎ群」の巴型双極子のベクトルの方向に関係があるのだろうと判断している。

（3）スピリット・オーブの中身

①S0に対して白黒反転などの画像処理を施したところ、主要なS0は多重多層構造の球形状であり、光色の混合体（加算で白色）である。また波動の高い部分は彩度が高い（生命力大）等がわかった。さらに中心部付近に極僅かなエアゾール（浮遊塵芥）などを含む場合がある事が判った。また、

②それらのS0の背景空間には、通常の写真画面では判断されがたい雲状（又は平面状）のオーブ群

とノイズ雲状オーブ群が点在している。

③オーブの中身を見ると、陰（OH⁻）と陽（H+）のイオン対と電子が混合したイオンボール群の中に巴型状の「雲状、意識（霊）要素ｓｐｉｎ群」が加入して大球のスピリット・オーブ（S0）となり、S0を含む大球状イオンボールが撮影者の意識と共振・同調して写真画面に映し出されるのであろう。S0の意識面を担当するのは「雲状、意識（霊）要素ｓｐｉｎ群」であろう。

5　オーブ（たまゆら）の構成要素

（1）はしがき

オーブ（たまゆら）は、デジタル・カメラ（CCD）を用いて薄暗い大気中をフラッシュ撮影した時に、乳白色・小径球状のノイズとして写りこんでくる。近赤外線領域（活性化エネルギー、1.38［eV］）に潜んでいる光子（素粒子）群が、オーブ（たまゆら）の母体を形成していると判断されたが、具体的な詳細は未定であった。

オーブ（たまゆら）は地球外知的生命体からの情報伝達の一種を果たしている、と言う主張がある。前稿では，大気電気学の立場、つまり大気中の電場やイオン等の電気現象の面からオーブ（たまゆら）の構成要素を検討し、近赤外線，可視光線、電波の一部が宇宙から地上に届く事を知り得た。

続いて本稿では、大気中に存在している希薄物質の中からどんな情報が地上に届き、オーブ（たまゆら）を形成するのであろうか、つまり、オーブ（たまゆら）の構成要素はなにか、等について検討すると共に、実験に加えてオーブ・モデル（仮定）を設定し、その内容について初歩的な検討をする事にした。

（２）大気中の希薄物質（調査報告）

恒星が存在している宇宙空間は、ほぼ真空であるが、なかには、わずかに水素やヘリウムを主体とする星間ガスや珪素、炭素，鉄などを含む宇宙塵が存在している。これらの星間物質は極希薄であり、地球の表面上に存在する上層大気よりも、より希薄であるという。しかし、所と場合によっては、凝集して星雲として観察されることもあり得る。

星間ガスの含有量は（1～数個）／㎤（水素）程度であるが、特種な例として、これが高密度に集積する場合には星雲（恒星）が産まれることもある。しかし、通常は、これらは極微量なので、目に見える様な事は無い（非可視）。また星間ガスや宇宙塵は上空では極薄い状態で存在しており、地上に近くなるにつれて次第に濃くなる傾向があると云う。

これとは別に、一部の星間物質が凝集して、温度が高くなるに従い分子雲、中性雲、電離雲になる場合がある。それらは地表面付近にも存在しており、それぞれを構成する主な粒子の形態は、水素分子、水素原子、水素イオンである（電離度が高いほど、イオン化する）と言われる。

太陽は生命の母であり、生物を育てるエネルギー源である。太陽コロナガス（超高温電離雲）は、温度10の6～7乗度[K]、密度（10のマイナス4

乗〜10のマイナス2乗)(atom/cm³)であるが、殆どの粒子はイオン化している。

Wikipedia等によると、地球の表面付近に存在する大気(空気)成分は、容積比で、窒素分子(約78%)と酸素分子(約21%)が大部分を占めており、水蒸気(H_2O、非可視)は僅かに0.1〜2.0%であり、その他として二酸化炭素とオゾン等がある、という。なかでも水蒸気は、季節や地形による変動がかなり大きい。空気中に水蒸気が多くなると、凝固して雲や雨になるが、凝固には核が必要であり、これをエアゾール(埃、塵)が分担している。

(3)オーブ(たまゆら)の実験結果

(3・1)マクロ・オーブの実験

実験は、デジタル・カメラ(CCD)を用い、薄暗い空間に向けてフラッシュ撮影する。使用したデジタル・カメラはカシオEX-Z2000、カシオEX-ZR700。

焦点距離を「通常(望遠無し)」、並びに「望遠ズーム(倍率は液晶モニター上で示す)」に選んだ。撮影は、露出モードをオート撮影(P)に合せる。撮影時間は、夜間の20時00分〜21時30分の間。撮影月日並びに場所は、写真ごとに付記してある。

一例としての写真1〜写真4は「望遠ズーム」

で撮影した。シャッターボタンを半押にて、液晶モニター上（近赤外線による像が見える）にオーブの芽（発生初期）を写しだし、望遠ズームによって拡大してから撮影した。この方法を用いると、レンズ付近にある水滴、埃等の大部分の偽オーブを除去する事ができる。

写真１（Ｎｏ．１６６８、P.254）は２０１５年３月30日（月）、気温（最高２０℃、最低７℃）、天候、晴れ、場所は栃木県大谷ＰＡ（東北高速道）。乳白色の柔らかい綿状の（ほぼ）円形の中に乳白色小粒球が数個、中央には「10時25分」方向（時針で表示）に、やや強い白色綿状の雲紋が小粒球を挟んで広がっている。小粒球の周りの綿状の雲紋の姿からは、これからオーブを形成する、という動き（綿糸状）がみてとれる。

写真２（Ｎｏ．１６７７、P.254）は２０１５年５月25日（日）、気温（最高17℃、最低２℃）、晴れ、東京都八王子にて撮影。大きな楕円状円内に大小の白、黒円球（変形）を内蔵しており、拡散していた小球群が、集合させられた状態と見られるが、不充分な集合なので（上部には）複雑な形の切欠け部分がある。これは写真１よりは僅かにオーブ形成が進んだ状態と見える。つまり小粒球が連結した状態であり、柔らかい雲紋オーブを巻き込んで、中円球オーブに成る前段階のものであろう。

写真３（Ｎｏ．１６０７、P.254）は、２０１４年２月14日、気温（最高３℃、最低マイナス３℃）、

福島市、小雪の降り始め、中心が少しずれた３個のオーブが重なり合って写されている。これは、例えばシャッターボタン半押し（近赤外線放出）のシャッター開初時、全押しフラッシュ発光時、シャッター閉終時（残像、前幕シンクロ・シャッター像）と３回写された為であろう。円径に相違（大小）があるのは、オーブが直径を変えながらスピン運動している間に写されて３重像になった、他方、オーブは高速で運動している為であろう、と判断する事もできる。

写真４（Ｎｏ．００９３、P.254）は、２０１３年10月20日（日）、気温（最高18℃、最低13℃）、小雨、福島市。写真３と同様に、２重のオーブが写されている。理由は写真３とほぼ同一である。

（３・２）念球（ミクロ・オーブ）の実験

清田益章師を被験者とし、小川雄二、佐々木茂美を研究者として、テレビ撮影用のビジコン管（Ｍ７０７５）、並びに、直径約１８０㎜の暗缶（ブリキ缶）内に、念写時に発生したミクロ・オーブ（直径、約１㎜光球状）の変化挙動を測定した。特徴は、ノイズとしての室内光と電磁気波の影響を考慮して（これらを遮蔽して）、サイ（気、念光球）の性質を調べた。実験結果の一例として写真５、６（P.255）が得られた。

昭和52年～53年、東京都調布市、電気通信大学の実験室。磁気テープに記録されたミクロ・オーブの変化状況をモニターＴＶ画面に再生し、それをカメラで撮影した一例で、60分の１秒間隔に分解して（キャプチャして）撮影・記録してある。

上側のノイズ（一部分は室内光の漏れ）とは別に、独立した約1㎜径の白球状の動きが写されている。大きさは、上の写真1～4よりも、より小（点状）であると判断した。

このパルス状ミクロ・オーブの移動の速度は、ほぼワイブル分布（最頻値＝6.5［Hz］）状であり、光電磁波ノイズを加算した場合には、最頻値は次第に増加して7.8［Hz］（シューマン・レゾナンス）に近づいてゆく。さらにパルスの強さとしてのピークの値は、ほぼ正規分布である。つまり移動速度と強さは対応していない。これより、単一の光源ではなく、移動中に変化する光源である事が解った。

さらに研究者の苗鐵軍、佐々木茂美が、これの変化状況について、複雑性科学の「**カオス解析**」を行ったところ、この変化は、低次元決定論カオス性であること。つまり、推定すると被験者の皮膚表面の2～3カ所の経絡、またはチャクラからの情報放出が、次元因子（カオス状態を決める変数）となっていると推定した。

さらに、別に室内光ノイズや電磁気波ノイズが有る場合には、次元因子がより高くなる（多様性を帯びる）事が解った。これらは、念写の機構解明のために行った実験であったが、内容から見てミクロ・オーブであると判断する事ができた。

この念球実験結果を、本稿の目的にそって纏め直したところ、新らたに、次記の結果がえられた。

①ミクロ・オーブ（念球）の出現状況

＊不安定で脈動的、ランダム・パルス状（時間的、空間的に）である。パルスの最大値にうねりがある。

＊周波数は0.1～20［Hz］、速度は0.1～10.0［cm／秒］で割合に遅い。生体内の体液のリズム程度。

＊向こう側からやってきて、向こう側に去って行く。

②変化挙動

＊意識的に、或程度は、コントロールが可能。同期性は（マイナス0.5～プラス2.0秒）。

＊出現は間欠的である（生体内のリズム程度）。

＊局部に集中しており（ほぼ円形）、強い指向性を持つ。

＊柔らかい丸みと厚みのある白色雲球状（約１㎜径）、渦巻き状である。

③物理的性質

＊近赤外線領域に潜んでいて、非可視（活性化エネルギー、１．３８８［eV］）である。

＊出現は極めて高速であり、非局所、ランダム的であり。また正と負方向（虚数）変化を示す、等の性質がある。

④意識的な性質

＊被験者の変性意識状態（ＡＳＣ）が光念球（ミ

クロ・オーブ）を呼び込んでいる様子。
＊変性意識状態（ＡＳＣ）によってコントローされている、と判断できる。
＊変性意識状態下のイメージの指示に従って、マクロＰＫとして存在し、移動する。

（4）検討並びに考察

地球を取り巻いている空気（大気）の一部は、宇宙線の照射や空中電界のために電離していて、陽イオン、陰イオン、電子に分解している。大気の上層部は陽（＋）、地表面近くは陰（－）である。したがって、地球は電磁気学的には巨大な球形・地球コンデンサー（約30万［V］）として存在している。

通常は、地球表面は陰（－）に帯電している。しかし、厚い雨雲（積乱雲）がやってくると、雨雲は上部が陽（＋）、下部が陰（－）に帯電しているので、地表面は陰（－）から陽（＋）に帯電が変化することになる。このような時には、空気中の陰イオン群と陽イオン（荷電粒子）群間に対流が生じ、大気陰・陽イオン群が形成され、オーブが形成され易くなる。

他方、水とオーブとは親和力が高く、空気中に水蒸気が無いと、オーブは非常に出難くなる。さらに、撮影者の意識と体外にあるオーブ（たまゆら）とは、情報交換をしているので、オーブ（たまゆら）出現はマクロＰＫの一種である、といえる。

なお、「オーブ」と「たまゆら」の相違であるが、**「オーブ」に意識（要素）が加算されたものを、「たまゆら」と呼んでいる。**さらに、オーブ（たまゆら）は、エネルギー一定条件で生起してくる、と言う結果を得ている。

これら並びに上述の多くの実験結果から帰納して、前述（３・１章）に示した図１の「オーブモデル」（P.33）を提案（仮定）する。仮定には実証が必要であるが、設備と予算の面から、現状では不可能である。このモデルによって他の実験結果を都合良く説明する事ができれば良いが、説明出来なければ修正することになる。

水（H_2O）は温度が高い場合には水蒸気（非可視、分子状態）になっている。水に高エネルギーを与えると電離して、陽イオンH^+（＋）と陰イオンOH^-（−）になる。空気中では、これらのそれぞれはスピンしながら動き回るので、電磁気力を生じ、クーロン力も加わって、陽と陰がひき合い、結合して、巴型状の回転体になる。他方「サイ（気）は自然界にある物質に上載せして姿をみせる」という性質があり、大気中の陽イオンH^+（＋）と陰イオンOH^-（−）が、これを分担する（P.33図１の陽・陰イオン対）ことになる。

マクロＰＫを生起させる際の、変性意識状態（ＡＳＣ）になった撮影者の皮膚（経絡、チャクラ）からは、バイオ・フォトンに混入してオーラ（プラナ、サイ、気、微細身素粒子）等が噴出しており、これがオーブに加算して意識的な要素（部分）を分担していると判断している（図1参照）。これにも同様に、陰と陽がある。つまり各種の陰・陽スピン対が相互に重なりあって巴型状の回転体を形成している。

なお、オーブ（たまゆら）のなかには異常に強い発光体状があるが、これは陽電子・電子対が存在し、**巴型状回転体**を形成する場合であろう（P.263図1）。弱い発光体状としてのオーブは陽、陰イオン対の場合であろう。

なお陽電子は地上付近にあるバックグラウンドとしての放射線照射（ガンマー線）を介して対発生によって発生し、近くに有る大気中の陽・陰イオン状巴型状回転体を吸収して図1になる、と考えている。これらを、著者らは**「PSI-spin対素粒子群」**と仮称している。

さらに、検討によると、サイ〔気〕は、水分子間の分子H-O-H結合状態は換えないで、弱い水素結合をより弱くする性質がある。従って、気温が低く、サイ（気）が強い場合には、水蒸気はオーブに成らないで、プラズマ・モイドになると判断している。

また、プラズマ・モイドに意識（方向性）を与えると、**低級霊**（**妖怪**、**低周波数**）が生成される場合がある、と推定している。つまり、PSI-spin対素粒子群の一種には「霊」に相当するものがあり、これは、消えずに、永い間、空気中に浮遊する場合がある、と判断している。つまり霊といわれる物質もＰＳＩ－ｓｐｉｎ群の一種であろう、と判断している。

巴型状回転体は、互いの回転（スピン）によって絞り込まれて、ゼロ点（点状）になり、陽・陰の力が対峙桔抗して力のゼロを得る。つまり

〔陽の力〕＋〔陰の力〕＝ゼロ

である。このゼロ点にはゼロが累積される（不思議である）傾向があり、これが、ある一定値に達すると、オーブが生起する。このとき、エネルギー保存則からは、上のゼロ点では、電磁波（横波）が縦波（テスラ波）に変換され（約7.8〔Hz〕、シューマン共振）、これが皮膚表面（経絡、チャクラ）から放出されるサイ（気）の搬送波になり、マクロＰＫとして、体外に或オーブと同調する様子である。なお、大気中にあるエアゾール（珪素、炭素、鉄等の塵芥）は（オーブ）の核形成を分担している。

オーブ（たまゆら）はマクロな物質であるが、その出現時には、不思議な事に、素粒子類似の性質が現れている。たとえば、形や大きさはランダムであり、非局所的であり、広く拡散して、集団でやってくる、極めて高速である、等。これは図1のイオン・ボール間の結合力が弱く、撮影時のフラッシュ光に吹き飛ばされて各構成要素（ＰＳ

Ｉ－ｓｐｉｎ群、素粒子群）が出現し、その個々の性質が現れる為ではないだろうか。

（５）むすび

デジタル・カメラを用いて薄暗い大気中を、幾度もフラッシュ撮影する。偽オーブを避ける為に「望遠ズーム」法を用いる。オーブ（たまゆら）には物質面と意識面がある。発生の極初期は、空気中のエアゾール等を中心にして、綿状の柔らかい光子群に包まれている。それらには、陰性と陽性があり、互いに引き合い、スピンしながら巴型の集合体になり、自らの直径を増しながら次第に成長する。

室内光と電磁波ノイズを除去した場合（暗缶内）では、約１㎜径のミクロ・オーブ（光子群）が発生し、しだいに成長しながらカオス・アトラクターを描くようになる。これは低次元決定論的なカオス性であり、この駆動因子から推定すると、２～３カ所のチャクラからサイ（気、プラナ等）が放出されていることになる。撮影者と体外にあるオーブとは情報交換をしているので、マクロＰＫである。そして、これらの身体から放出される物質（波動）としての駆動因子がオーブの意識面を担当するのであろう。

6　菱形オーブの動的観測と変化傾向

（1）　はしがき

　フラッシュ光を用いて撮影したデジタルカメラ画像にレンズ付近の埃、水滴などが「偽オーブ」として写り込む場合がある。しかし、それらが写り難い「望遠ズーム」状態で、しかもフラッシュ光を用いない場合でも、「真オーブ」は写る。意念に反応して写る。等から、重要な研究対象であると判断されている。

　別稿では、発生の極初期の芽オーブ（ラビット・オーブ、RO）の変化挙動について観測した。しかし、実体は何か、どのような性質をもつか、再現性の有無、等の究明が不十分であった。

　本稿の特徴は、**動的な菱形オーブ**があらたに観測された点にある。検討したところ、オーブは呼びかけに応じて遠方からやってくる。雲状光子群の集合体（並びに陰・陽イオン対など）である。

　菱形、芋虫型、丸型（球状）などに形状、寸法、色合い（波長）等が変化し、次第に成長する傾向がある。地磁気、地球空間電磁場等の影響を受けている。撮影者の意識（ＡＳＣ）に応答した行動をとる、等の結果を得ることが出来た。

（2）実験・撮影について

（2・1）撮影・実験方法

オーブの動作観察並びに静止画撮影にはデジタルカメラのカシオＥＸ‐Ｚ２０００（１４１０万画素数）、カシオＥＸ‐ＺＲ７００を用いた。デジタルカメラの焦点距離を「通常（望遠無し）」、並びに「望遠ズーム（倍率は液晶モニター上で示す）」に選び、フラッシュ光を併用して撮影した。

「望遠ズーム」の撮影方法は、真オーブを写しやすい傾向がある。撮影は、露出モードをオート撮影（Ｐ）に合せて行なう。オーブの動画撮影にはビデオカメラ（ソニーＨＤＲ‐ＣＸ２７０）並びに（パナソニックＨＣ‐Ｖ２１０Ｍ）を用いた。

本稿の撮影・観察場所は静岡県磐田市。撮影日時は２０１４年11月23～25日。撮影時間は、夜間の18時00分～21時30分の間。

オーブは近赤外線領域に潜んでいるので目には見えない（活性化エネルギー、約1.38［eV］）、また五感では認知出来ない。そこでシャッターを半押しにして、「液晶モニター」を機能させて（近赤外線像が写る液晶モニター上に）から観察し、撮影する方法を用いた。なかなか撮れない（オーブが居ない）場合でも、天候条件等の物理的ならびに、無心で熱心に撮影するなどの心理的条件（ＡＳＣに近づける）を揃えると写るようになる。人工的に噴霧（キリ、モヤ）を放射すると、約30％以上の確率で写るようになる。

また本稿では、一例のみを示す場合でも、２例以上の同一内容の画像がある場合のみを扱っている。

（２・２）撮影・表示の内容

偽オーブを避ける為にデジタルカメラを「望遠ズーム」状態にし、シャッターを半押にして、近赤外線をカメラから放射させて、カメラの液晶画面が機能する（非可視の近赤外線域に潜むオーブが見える）ようにしてから、液晶画面上にオーブを呼び込む。つまり

「オーブさん来て下さい」

と願いする。例えば

「キテ、キテ、キテ、キテ」

と呼びかける。このような条件を設定した後に液晶画面上にオーブを写し出し（出現したら）、これを別置きのビデオカメラで動画として撮影する。

この様な手順を踏んだ後には、オーブは可視光線域まで、色あい（波長）が変化して（願が届いて）、写される場合が多い。さらに、ビデオカメラを手持ちにして、欄干の手摺り等に沿って、動かして、「手ブレ」が無い様に注意して、撮影した。

本稿に表示する写真集（１）（P.256）〜写真集（３）（P.258）の撮影・実験場所は静岡県磐田市で、２０１４年11月21〜24日、夜間の18時00分〜20時

00分、デジタルカメラ撮影・実験者は佐藤禎花師（女性）、ビデオ撮影者は高瀬育代並びに鈴木るみ子（女史）。

佐藤師は特異能力保持者である。菱形オーブの呼び込み、並びに情報交換等は佐藤師自身が行っている。外側からみると、佐藤師は陽気であり、賑やかで、楽しい雰囲気（ポジティブ）に包まれてオーブを呼び込んでいる。変性意識状態（ASC）に近い状態下で、オーブと情報交換をしている様子である。筆者らも、これに真似てスプレー噴射（キリ、モヤ）下で「望遠ズーム状態」で試行したが、撮影像を得るまでには到らなかった。

なお、ビデオの動画には、シャッターの開閉が無いので、コマ送りが（固定では無く）連続している。そこで、観測に必要な部分を切り取って、コマ送り静止画像として表示することにした。分割された部分をキャプチャという。

（3）実験結果と検討

記録されたビデオ・動画をムービーメーカー（MM）に移し、此をDVDに移し換えた後、ワープロソフト貼りして検討することにした。MMに収録した動画は、3分18秒72、2分55秒、5分03秒、・・・・、1分02秒等と14箇所に分割して収録した。

この中の変化の有る部分を、1コマずつコマ送りした画像（30分の１秒ごとにキャプチャーした）のオーブの一例を写真集（１）（P.256）〜写真集（３）（P.258）に示した。

本稿の特徴は、動的な**「菱形状オーブ」**が観測された点に有るだろう。本報以外では、菱形オーブは、静的画像（東京）と動的画像（イギリス）が各一例ある事を知るのみである。一般には球形光状（丸光型）であるが、これすらも、動的測定のあとに解析したものは、皆無であると思われる。前報の長野県伊那市で撮影された**芽オーブ**の動画は、静穏時には「芋虫状」であり、活躍時には「変形芋虫状」または「丸型」等であり、兎が飛び跳ねる様な動き「ピョン、ピョン、ピョン、ピョン、ピョン」をするので、**ラビット・オーブ**（RO）と仮称した。

また、地球の共振周波数の7.8［Hz］に関連して変化する様子である。この変化挙動は、前報（ＰＳＩＪ、２０１７年号）で報告してある。

本報の菱形オーブは、前稿のROに比較すると、どちらかと言えば、割合におとなしい（静穏時）タイプであると言える。なお、これらは、一般に、ネット等で観察される成長した動オーブ（紹介・観察のみ）とは異なり、（著者らは）ごく初期または中期成長過程の姿・形であると判断している。

写真集（１）（P.256）は発生の極初期、写真集（２）は初期、写真集（３）は中期の過程において、動画を30分の１秒ごとにチャプターした典型的な一例である。

写真集（１）（P.256）をみる。「望遠ズーム」をいっぱいに伸ばして、遠方に焦点を合わせて、オーブを呼び込む（探す）。

「キテ、キテ、キテ、キテ下さい」

とお願いした後に、写された写真集（１）には、強い極小点（球）発光体状のオーブが写されている。フラッシュ光は用いていないので、オーブ自体が発光体であることが判る（非反射）。

得られた（キャプチャー）静止画を拡大して見ると、真中に光点があり、菱形状に四方に光が出ている。写真（１-１）、（１-２）、・・・、写真（１-１６）等。大きさはあまり変わらないが、形と位置は、急速に（ピッ、ピッとRO状に）、わずかながら変化している。

写真集（２）（P.257）をみる。写真（２-１）は撮影状況である。写真（２-２）、・・・、写真（２-５）は、11時25分方向（時針で方向指示）に強い発光体の棒状に小点が伸びている。ただし、この強い発光体状の詳しい内容は不明である。また、棒状発光体のつぎには、小点（球）発光体状に戻る場合もある。それらの中でも写真（２-９）は扇状オーブ（後述、４-３参照）であるが、暫くすると、また小点（球）発光体状にもどる。

写真集（３）（P.257）をみる。発生・成長の中期過程と思われる場合、つまりオーブが撮影者に近寄ってきた、かなり発達してきた、と思われる場合である。なお、これらの写真（３－１）、写真（３－２）等は、菱形オーブ（後述、P.258図１参照）である。写真（３－３）―、―、―写真（３－１０）には、変形した菱形オーブが紹介してある。

これらの諸変化の状況は、後述の写真集（４）、写真集（５）と「検討と考察」で述べることにする。

判明した事として、

①図１のＡＣＢＤで表示される菱形オーブの（タテ、ヨコの）十字状の方向（南北、東西）と形は変わらない。

②タテ、ヨコの十字状の東西の隅（Ｃ、Ｄ）ならびに斜め線の方向（P.258の図１のＡＤ、ＣＢ、の方向、ならびにＡＣ、ＤＢの方向）のみが変化する傾向がある。なお、変化状況については後述する。

検討したところ、当然ながら

③菱形状オーブの形は、カメラの絞りの形ではない。

写真集（４）（P.258）、写真集（５）（P.260）を見る。これらは、写真集（１）～写真集（３）を部分的に拡大したもの。

写真（4－1）（P.258）は強い小点（球）発光体状のオーブである。これはオーブ発生の極初期過程で撮影されたもので、真中に光点（球）があり、菱形状に四方に光が出ている。中心部は強い白光で密度が高く、盛り上がっている。

写真（4－2）は11時25分方向（時針で方向指示）の（乳白色）非常に強い発光体棒状であり、これをうす緑色のＨａｌｏが取り巻いている。

写真（4－3）は紫色の扇状オーブで、図1の菱形状オーブのＡＤＢ部分が弧を描いたものである。

写真（5－1）は図1（P.258）の菱形状オーブのＡＣとＢＤ（ぼけている）部分が、これから伸びようとしている（別の例もある）、つまりＡＣとＢＤが欠けた形になっている。

写真（5－2）は菱形ＡＣＢＤのＡＣＢ部分が弧を描いている場合で、写真（4－3）とは逆になっている。

写真（5－3）は菱形のＣ部分が欠けた形に成っている。

（4）検討並びに考察

空気中に存在しているエアゾール（埃、微粒子）の大部分は、地球を取り巻いている大気電界のために帯電している。また空気成分の一部は大気電界や宇宙線の作用によって電離していて大気陰イオン、大気陽イオン、電子になっている。これらによって大気の上層部は陽（＋）、地表部は陰（－）に帯電している。したがって、地球は電磁気学的には巨大な球形・地球コンデンサー（約30万［V］）として存在している（直流電場）。

　このほかに、雷による活動並びに地磁気の脈動等に伴って発生すると判断されている周波数1～10［Hz］、10のマイナス2乗～10のマイナス3乗［V/m］程度の微細な交流電場も存在している、という。

　一方、空気中に含まれる水分はごく僅かであるが、水分が無いとオーブは極めて出現し難くなる。また、空気中に含まれる水分は、大気電界のために電離していて、陽イオン（H^+）、陰イオン（OH^-）、電子に電離している。他方、地球表面は陰に帯電しているが、上空から厚い雨雲（積乱雲）がやってくると、地球表面は陰（－）から陽（＋）に帯電が変化することになる。このような時には、空気中の陰イオン群と陽イオン群（荷電粒子）間に対流が生じ、大気の陰・陽イオン群が形成され、イオン・ボール（オーブ）が形成され易くなる。

（4・1）実験結果のまとめ

　実験結果の特徴として、

①形の大小、距離の遠近にかかわらず、図1（P.258）

の（標準）図形のような、菱形状のオーブが観測されている。

②菱形ＡＤＢＣを形成する十字形の骨組み（ＡＰＢとＣＰＤの組合せ）と方向は不変である。

③菱形の骨組みの縦線ＡＰＢは地球の磁力線方向（Ｎ極からＳ極への経度線）に一致している様子。

④横線のＣＰＤは地球の緯度線方向（例、赤道）に一致している様子である。菱形四角形の諸変化をみると、

⑤横方向のＡＤＢ並びにＡＣＢは円弧状に変化する場合があるが、縦方向のＣＡＤ並びにＣＢＤは変わらない傾向がある。つまり、上下方向には変わらないで、斜方向に変化する傾向がある。

（４・２）菱形オーブ・モデル

観察・測定結果を都合よく説明するために、図２のモデル（仮定）を提案する。

図２（P.259）において、中心部の点線で示した縦と横の直線は図１のＡＰＢ、ＣＰＤ線を表している。図２のベクトルの両側に書いてある説明は、４種類の異なる巴型スピン対群をベクトルで表示したもの。一番上にある雲状陽電子と雲状電子は一対の大きな巴型右回りスピン群。その下の陰イオンと陽イオンは小さな巴型左回りスピン対

群。横点線より下にある陽イオンと陰イオンは右回り巴型スピン対群。その下の雲状電子と雲状陽電子は左回り巴型スピン対群を意味している。これらの中心には核としてのエアゾールがある。

図２（P.259）を用いて諸変化を説明する。大きなベクトルの雲状陽電子・電子対は縦方向にある点線と同じ方向であり、Ｓ極からＮ極に向かう地球磁力線と一致している。図のベクトルは磁力線を意味しているので、この一致が、菱形オーブのＡＰＢの方向は変わらないという理由の一つとなるのだろう。他方、ベクトルのスピンの（回転の）方向はベクトルと直交しているので、電流の流れる方向を示している。つまり、巴型スピン対群の回転方向は電流の流れる方向を示し、ベクトルは地球の磁力線方向と一到している。地球の磁力線方向はほぼ不変なので、菱形オーブの方向ＡＰＢもほぼ不変となっている。これに対し、電流方向としての横方向（ＣＰＤ）は、オーブが持つクーロン力の遠距離作用力のために、様々に変動があり、結果として菱形の横方向が（形が）変わる原因になっているのであろう、と推定している。

さらに、体外にあるオーブと被験者の意識との間には、様々な情報の交換がある。これは一種のマクロＰＫである。このとき、被験者の皮膚（チャクラ）からはバイオホトン、プラナ、雲状微細真素粒子などのエネルギー放出があり、これがオーブと共鳴・共振（7.8［Hz］）して菱形状のオーブが生起してくる。つまり、体外にあるオーブにも雲状陰・陽のプラナ（微細真素粒子等）成分がある筈である。図２（P.259）の巴型ｓｐｉｎ対群には、雲状陰・陽のプラナ（微細真素粒子等）成分等の加算があると考えざるを得ない。

（５）結論

デジタルカメラ（デジカメ）とビデオカメラ（ビデオ）を用いて静岡県磐田市で、本報告の、菱形の動的なオーブが観測された。記録されたビデオ動画をムービーメーカー（ＭＭ）に移し、ＤＶＤにした後でＷｏｒｄに切り貼りして、調べた。菱形オーブは割合に「おとなしい」（静隠時）動きを示した。菱形の縦、横（十時の骨組み）方向は変わらないで、左右の斜め方向（斜線方向）に変化する傾向がある。なお縦方向は地球の磁力線方向であり、横方向は緯度線（赤道）方向である。諸変化を都合良く説明する為に、陰性・陽性の巴型ｓｐｉｎ対（光子群）からなるモデルを提案した。構成要素はイオン、雲状電子、雲状微細身素粒子（オーラ、プラナ等）である。他方、菱形の形の横方向のみが丸くなり、それぞれが、別々に半円を帯びる形に変形する傾向がある。

7「オーブ」と「イオン・ボール」の形成

（1）大気イオン・ボールの形成

（1・1）晴天（静穏域）の場合

宇宙線の作用によって空気成分が電離されて大気陰イオン、大気陽イオンと電子が形成される。このプラズマの中に微粒子を入れると、空間電界によって帯電して陽イオンになり、その外側に電子が付着して大きな大気陰イオン状ボールが形成される。しかし電子は動きやすいので、しだいに電子を失って大気陽イオン・ボールになる。微粒子が多い場合には電子、陽に帯電したイオン微粒子ならびに陰に帯電したイオン微粒子ができる。大気中のエアゾール（微粒子）の大部分は空間電界によって半分以上が帯電している。これらはスピンしているので、大気陰イオン・ボール（陰）と大気陽イオン・ボール（陽）が結合されて、「ともえ」状となり、大気陰陽イオン・ボールになる。

（1・2）雨天（雷域）の場合

厚い雷雲の上側は陽（＋）に帯電し、下側は陰（－）に帯電しているので、厚い雲の底側の下にある地表面は陽（＋）に帯電する事になる。また雲が集められて雨滴となるので、雨が降り始めると、空気成分の電離はさらに進む。測定によると、雨の降り初めは陽イオン性の雨、降り止め時の雨は陰イオン性の雨の場合が多いと言う。

$$H_2O \rightarrow H^+ + OH^- \quad \cdots (1)$$

雨の降始め時の微小水滴の内側は陽イオンＨ（＋）になるので、外側を陰（－、電子）がとりまいた二重構造になる。雨滴は空間電界の影響を受けるので、陽（＋）に帯電するもの、陰（－）に帯電するもの、があるが、平均的には陽（＋）の電荷の場合が多い。霧や弱い雨の場合には、電場の方向は、陰陽の何れの場合もあるが、強さは静穏時の約10倍にも及ぶ場合がある、と言う｛伊藤朋之、ｉｎ［地球・自然環境の本（日外アソシエーツ）、紀伊国屋書店］｝。雨天の場合も、上記の晴天の場合と同様の理由により、大気陰陽イオン・ボールが形成される。

なお、雨滴と近赤外線の関係として、水の近赤外線吸収率は割合に大きく、またオーブは近赤外線領域の波長内で観測されている。従って、オーブを形成させる為には、式（１）の大気陽イオンH^+（+）の近赤外線領域（780［nm］～1.5［μm］）に相当するエネルギー部分をより強調する事が望まれる。

（２）オーブ（Ｏｒｂ）形成と成長

詳細は前稿（佐々木、苗、２０１３年、サイ科学Ｖｏｌ．３５、Ｎｏ．１）にあるので略述する。

①物心の極深いところ（素粒子状）では、物と心とは区別ができない。

②意識のより深いところからイメージが産まれ、

サイ性ＡＳＣになる。

③大気陰陽イオン・ボールの上にゼロ場とゼロ点（オーブ発生点）を形成させる。

④ゼロ場（ゼロ点）を変換点（不安定点）に迄変化させる（活性化）と、オーブの核が形成され易くなる。つまり、陰イオン群と陽イオン群が接しながらスピン（回転）している「ともえ」状の大気イオン・ボールを絞り込むと、陰と陽の和が零になるゼロ点ができ、不安定になり、オーブの核が出来易くなる。一方、オーブの核は、エネルギー一定条件で生起する。

⑤（オーブ）＝（大気陰イオン）＋（大気陽イオン）＋（エアゾール）

⑥（たまゆら）＝（オーブ）＋（サイ性ＡＳＣ）

⑦（サイ性ＡＳＣ）＝サイスピン群（八卦性分岐のカオス）＋ＡＳＣ

ＡＳＣは変性意識状態を意味する。ここに、八卦性分岐とは、漢方の周易図（太極図、八卦図）において、太極（混沌未分の状態）から2方向に分岐して両儀の状態（1→2に分裂）、次に4つの方向になる｛2→4に分裂、4象（八卦）生成｝を意味している。この時、分岐の際の方向決定時にSG（偉大な存在）の働きがあると仮定している。

なお、

⑧（ＰＳＩ‐ｐａｉｒ群））＝雲状（電子）＋雲状（陽電子）＋雲状（微細身素粒子）、を意味している。

⑨皮膚（チャクラ、経穴）から雲状微細身素粒子が放出される。

⑩雲状微細身素粒子とはオーラ（生命エネルギ、バイオ・フォトン）を意味する。

⑪陽電子は　宇宙線ならびに地表付近の放射線（γ線）を介して生じる。

⑫電子は、空気中でも割合に安定に存在している。

⑬分岐後にカオスが形成される。

カオス形成のメカニズムは、通常の場合と同一である。また、形成されたカオスはフラクタル構造を持っている。なお、別報（サイジャーナル、ＰＳＩＪ、Ｎｏ．４１３、ｐｐ．１９‐２０）によると、

⑭フラクタル指数によって、オーブを分類することができる。そこで、

⑮様々なフラクタル構造を有するオーブは、カオス解析の倍周期分裂の法則によって、細胞分裂の場合のように、形成の過程を推測する事ができるであろう。つまり、

一、ピークが無い・・・混沌未分の状態
二、１つのピーク・・・元極（太極図）の状態
三、２つのピーク・・・両儀の状態（１↓２に分裂、両儀生成）
四、４つのピーク・・・４象の状態（２↓４に分裂、４象生成）
となる。

（３）実験的な検証

最初の問題は、雨の降始めにデジタルカメラで撮影されたオーブ像が水滴であるか、またはオーブであるかの検討であろう。写真１～４（省略）に一例を示す（省略する）４例とも、２０１２年7月6日(金)、夕方の18時30分～18時50分以内に、福島市の瀧洞神社（写真１、２）と実験室前（写真３、４）で、同一条件（小雨の降り始め、撮影者、カメラ、写り易い場所など）で測定された。ニコンカメラＥ‐２２００、前幕シンクロフラッシュ、オートである。

写真１（Ｎｏ．１０１９、省略）を見る。中央左よりにマンダラ状模様を持つオーブが3個、右側に白色3重白色発光体を持つオーブ１個が写り、混在している。３重発光球体も拡大してみると、うっすらとマンダラらしき模様がみえる。

写真2（No．1093、省略）には、左よりに目（又は穴）のあるオーブが2個、撮影されている。白色発光体状であるが、極薄く、マンダラ状模様もある。その他の小球は、すべてマンダラ模様を持っている。

写真3、4（省略）は実験室前で測定されている。写真3の右下の大球オーブは、白色発光体状であるが、うすいマンダラ状の模様を持っている。特徴として、円の左上が欠けている。他の中小球オーブにはマンダラ状模様がある。

写真4（省略）は実験室前の道路で撮影された。大小様々の多数のオーブが写っており、何れにもマンダラ模様がある。上述の大気電気学によると、

①降り始めの雨は、大気陽イオン性である可能性が強い。さらに

②雨粒に上乗せしてPSI－pair群が存在している、と判断される。

③いずれも同一気象条件で撮影されている。雨としてのエネルギーが加算される為か、全体としては、白黒がより強く、明白なオーブが撮されている。

④フラッシュ撮影をしているので、原因として、水滴に対する反射光、屈折光、原子内電子の移動に基づく緩和光、加えてオーブ自身のそれらがあり、結果として写真1～6が得られた、と考えら

れる。

なお詳細は別報する予定であるが、写真1の3重発光体も、それぞれの円の直径が異なっている。従って、以上の6枚の写真は、全部が真オーブ(たまゆら)である可能性が高い、と判断している。

次に、雨滴がうつされており、偽オーブであるらしい一例を示す。写真5（No．0593、省略）と写真6（No．594、省略）をみる。2013年1月13日（日)、早朝、5時40分～5時50分、小雨の降終りころ、八王子実験室前。ニコンE－2200カメラ使用。

写真には、大球で強い白色発光体が撮されている。それぞれに2重像があるが、その直形はほぼ同一である。また特徴的な事として、マンダラ状模様は殆ど見あたらず、約25分方向(時計の針で指示）に尾を引いている。これは前幕シンクロ・シャッター像が撮されたと判断すべきであろう。

その他、微小雨滴と思われる白色発光小オーブが写されている。これらは上記の大気電気学が言うように、陰イオン性降雨の為に、偽オーブとして、水滴が撮されたのであろう、と判断している。

前幕シンクロ・シャッターと言うのは、シャッター半押の時の近赤外線照射によって最初にオーブが写り、つぎの全押し（フラッシュ光照射）によって次のオーブが写る。つまり2重像になり、次にシャッターが降りるので尾を引いた。見掛け上は雨滴が上に降る様に写る事を言う。つまり写真5、6は雨滴の白色発光体の偽オーブであろう、と考えている。

(注釈、申し訳有りません。紙数の関係で写真は省略させていただきます。なお、詳細はサイジャーナル、2016年11・12月号にあります)。

8・1　ミクロ・オーブの発見（念写とオーブ）

（1）はじめに

私たちは、様々な手法を用いてオーブ（たまゆら）の発生機構を検討している。

その一部として、**念写の際に発生・生起する微細な光念球**の性質を調べたところ、この光念球は、デジタルカメラで撮影されるマクロ・オーブに対応するミクロなオーブである事が判った。

今から約38年前（１９７７年）に、清田益章師を被験者、佐々木茂美、小川雄二を研究者として、念写（注１）の機構解明のための基礎実験を行った。暗缶内に光球（念光球、約１㎜径）の発生（映像）が認められ、これの時間変化曲線が記録された。今回の検討と考察により、これが、ミクロ・オーブである事がわかった。

つぎに、30年の時間が経過して、研究者の苗鉄軍が、この時間変化曲線をカオス解析したところ、低次元決定論的なカオス過程である事がわかった（２００７年）。

さらに8年経過して２０１５年になると、佐藤禎花師により、室内の空気中でマクロなオーブ（たまゆら）の動的な変化が観察・記録された。

(2) 第一段階：ミクロ・オーブの出現と測定

既知の電磁波と室内光の両ノイズを遮断した空間（ブリキ缶、空気中、並びにその空間内に既知の物理光を加算した空間に、約１㎜直径の光球状のミクロ・オーブが発生し、動的な変化挙動を示す状況がデジタル・メモリーに記録された。

①移動速度は群パルス状で、うねりの様な緩急動作を繰り返す。

②移動速度の分布状は、近似的には正規分布である（最頻値は6.5［Hz］）が、正確には、形状母数が1.5で表示されるワイブル分布である。これは遷移する確率が時間と共に増加するタイプの確率過程論で表示される。つまり、時間の経過とともにより速いオーブが出現する、と言う性質がある。さらに、電磁波ノイズ並びに室内光ノイズが加算した場合には、最頻値は、しだいに増加する傾向にある（シューマン・レゾナンスの7.8［Hz］に近づく）。

③パルス波形のピーク値（オーブの光の強さ）の出現は、ほぼ指数分布である。つまり移動速度と光の強さは対応していない。さらに指数分布は、遷移する確率が時間とは無関係に偶発的に決まる。つまりポアソン過程として存在している。

④周波数の分布状態は、ほぼワイブル分布である。さらにオーブが存在している時間や存在してい

ない時間は、ほぼ指数分布で表示される。

⑤オーブは変性意識状態下の集中とイメージに関連して、時間や空間を超越して出現する（別報）傾向があるが、出現後は、物質になってしまうので、通常の物理法則に従うことになる、と考えられる。

（3）第二段階：ミクロ・オーブのカオス解析

①Ｔａｋｅｎｓ定理を用いて、記録された曲線をカオス解析したところ、相関次元の値は、Ｄ２＝1.94～2.25であった。これより、動的ミクロ・オーブの運動過程に出現するカオスは、低次元決定論カオス性である事が分かった。つまり、生体内の皮膚表面の２～３個所の経絡、またはチャクラが次元因子（カオスを形成させる変数）として関与している、と推定された。

②室内光ノイズ、並びに電磁波ノイズがある場合には、相関次元の値はより高くなる傾向がある。つまり、生体外の空気中にあるノイズが加算すると、カオスの次元因子はより高くなる（多様性を帯びる、複雑になる）。

（4）第三段階：マクロ・オーブの観察

佐藤禎花師によってマクロ・オーブ（たまゆら）の動的な変化状況が観察・記録された。なお「たまゆら」とは、オーブにサイ（気）が加算された場合のものをいう。居住空間としての空気中において、非可視の近赤外線領域に潜在する（約1.4［eV］）マクロ・オーブを、デジタルカメラの液晶面上に写し出し、お願いすると、依頼に応じて、様々に動的に変化する状況が記録された。一例として、マクロ・オーブ（芽オーブ）の動的な変化挙動として、次記が記録された。

①マクロ・オーブは、柔らかい感じの発光体で、ほぼ球形状であり、大きなオーラを伴う。なお、変化が著しい部分では、

②昆虫の幼虫に似た形状を持っており、頭と思われる部分がある。丸まるとほぼ球形状であるが、ピーンと伸びて、つぎに約９０度方向を変え、同時に約１８０度反転して頭と尾が入れ替わる。また、ピーンと伸びて、２部分に分割する場合がある。

③そこでは、１秒以内に反転、反転、球形状、などを数回以上も繰り返す。推察すると、夜空に、動オーブがキラキラ輝いて見える原因は、この反転の為かも知れない。また、オーブは、マクロPKとして存在しているので、オーブの動きに対応して、生体内の神経系統（経絡）が情報交換を担当しているのかもしれない。その他。

なお、検討と考察の結果として、ミクロ・オーブとマク・オーブの関係を検討したところ、両者は、ほぼ、同一と判断できる事がわかった。

これらが進めば、

あの世または霊界との間の情報交換が可能になるのでは？

フォトンが様々なノイズを吸収して、オーブ（たまゆら）に成るのでは？

さらに、これらを契機にして、心（精神）の科学的な研究が開始される事をお願いしたい、と思う。

〔注〕念写とは、意識（念ずる）の働きのみによって、体外にあるフィルム上に、ある種の形姿を映し出すことをいう。今から１０８年前に、世界に先駆けて、福来友吉博士によって念写が発見された。仙台には、福来友吉博士の業績を記録した（財）福来心理学研究所がある。

8・2 オーブ（Ｏｒｂ）の出現

（1） はしがき

赤外線領域が撮影出来るデジタルカメラを用いて、フラッシュ撮影すると、小円形で乳白色のオーブ（Ｏｒｂ）が、ノイズとして写り込むことがある。オーブは、条件さえ選べば、誰にでも撮れるという。このオーブ出現が端緒となって、精神世界の可視化と大衆化が実現・進行する可能性がある。過去に、顕微鏡の発明（１９６５年、Ｒ．Ｈｏｏｋ）によって細胞が発見され、これが端緒になって近代生物、生理学（ｉＰＳ細胞など）にまで発展・成長した。同様にデジタルカメラの発明によってオーブが発見され、これが端緒になって近代精神科学（新分野）樹立に役立つ事になるかもしれない。しかし、オーブはカメラの操作や撮影上のミスで生成する場合が多いと言う。他方本物もあり、オーブは

「知性や理性をもった意識体である」

「スピリットの投影である」

等の意見や主張も多い（文献１、２、３、P.237）。オーブ像の出現や撮影状況は、実験内容から見て

「撮影者と、体外にあるオーブ、との間に相互関係（作用）がある」

と判断できる（文献４、５）ので、一種のマクロＰＫであると言えよう。ＰＫの場合、関与する物質はサイ（気）であり、サイ（気）には物質的な面と意識的な面があり、オーブも同一である。

（２）従来からの批判

オーブに対する批判としては、オーブはフラッシュ光がカメラ付近にある空気中の微細物（ゴミ、塵、ホコリなど）に反射して発生する現象で、霧などが夜間に降って来たときに発生しやすい、とするものがある。また、微細物がレンズの焦点距離付近にある場合は、ピントが合わず円形に写ると言う。

しかし、反面、オーブは気まぐれであり、条件を整えた場合でも何時も写るとは限らず、また写らない人の場合には、条件には無関係に、写らない。

（３）オーブ撮影の初歩段階

（３・１）オーブ写真の一例

結果の一例を写真１（Ｎｏ．１０３０、P.261）に示す。撮影モードを「オート」に選定、フラッシュ撮影している。つまりカメラの絞りとシャッター速度をカメラが自動的に選択する仕組みになっている。写真１は、２０１２年春（６月９日、土曜日）、八王子市、朝方（３時40分頃）、小雨の降り始め時、カメラはＣＡＳＩＯ　ＥＸ-Ｚ４０

ＰＣ。オーブと思われる写真の一例である。

撮影画面の右下にＡ球がある（一番大きい）。白色発光体で、輪郭は明瞭、ヘイロー（Ｈａｌｏ）を伴っている。強い白発光が全面を覆っているので、明白では無いが、円内部には非対称のマンダラ状模様がある様子。フラッシュ光などのエネルギーを受けて、オーブ内の原子の電子軌道間の電子移動に基づく緩和エネルギーが発光の原因となり、しかも多くの光が加算されたので、白色になったのであろう。

２番目に大きいＢ球（画面のほぼ真中にある）は、輪郭は明瞭。円内部に非対称の干渉縞状マンダラ模様を持っている。

３番目に大きいＣは、画面の左上にある。これはＢ球とほぼ同一であるが、月の裏側とも思えるようなマンダラ模様を持っている。

また、左中央下にある乳白色状小球オーブは、尾を引きながら上昇している（後述）。その他大小様々な円形状オーブが写されている。

（３・２）手ぶれ写真

撮影は２０１２年秋（11月）、福島市、夕方（18時00分〜19時00分）、晴れまたは小雨の降始め、カメラは2台（ＮＩＫＯＮ、Ｅ２２００。ＣＡＳＩＯ、ＥＸ‐Ｚ４０）。撮影モードを「オート」に選定、フラッシュ撮影している。つまり最適な絞り値とシャッター速度をカメラが自動的に選択する仕組みになっている。暗いときに物を見る場合には、人の目の瞳孔は開いて網膜に入る光量をふやす。カメラの場合も同一であり、被写体が暗いときには、絞りを自動的に開いて光量を増し、フラッシュ光（1000分の1秒）による反射光をも含めて、カメラ内の光量が適正露出になった時に、シャッターが下りる（切る）ように自動調節されている。

写真2（No. 362、省略、福島市）は、40分方向（時計の針）に手ぶれさせた時の一例である。3個所にある大きな光群は既知の電灯光や窓のガラス光（電灯）であり、シャッターが下りても、存在し続けている（40分方向のブレ）。オーブは約4個（薄いオーブを入れると7個）写っている。うち1個は中位の円形、3個は小円形であるが、内小1個は下方向（30分方向）に尾を引いている。尾を引かない中、小円形オーブは背景（家の景色）とほぼ同時刻に消失し、30分方向に尾を引いたオーブのみが、背景や他のオーブよりも、より早い時間内に上昇しながら消失したと考えられる。特徴的な事として、

①垂直方向に尾を引くオーブは、上昇しながら背景消失（シャッターが閉まる）よりもより早い時刻に消失する。

②円形状のオーブは背景とほぼ同時刻に消失する、と判断できる。

写真３（Ｎｏ．１７３７、福島市瀧洞神社、省略）は、30分方向（上下垂直方向）に手ぶれさせたときの一例である。中円形オーブが右側に、上昇に尾を引く変形オーブが左側に、矩形状の残像を持つ微小円形オーブが多数写されている。この手ぶれ残像（矩形状）の特徴は、矩形の長さが異なっている点にある。また、矩形形状で尾が切れている（終結した）のは、オーブの存在時間が、シャッターが下りてからも持続していた事を意味する。

（３・３）移動方向と非円形オーブ

一例として写真４（Ｎｏ．３７１、福島市、省略）を見ると、中央の中円形オーブは20分方向に尾を引いて移動しているが、他の小円形オーブは、28分方向に移動している。つまり、オーブは垂直方向のみではなく、別の方向にも移動している、と考えられる。

写真５（Ｎｏ．１３５９、福島市、省略）の一例をみると、非円形状微小粒で、上昇運動をしている。これらの微小粒は合体して円形オーブと成るのであろう。

（３・４）「オーブ」出現の現状

夕方や朝方の明暗の境目の時間帯。雨の降り始め、または降り止めの折り目（境目、分岐点）の時間帯に、オーブが出現しやすい。また滝壺の付近で水しぶきが降っている場面でも背景が暗い場合にはオーブは出現しやすい。著者らの実験結

果から判断すると、

①オーブは非局所的に広く拡散して、流動しながら、存在している。何時もそこに固定して存在している訳では無い。

②有名寺院や佛閣で大勢の人達が集まるところでは出現しやすい、しかし、この時でも、昼間で、空気が乾燥していて、背景が明るいと、写らない。暗い朝方や夕方は特に出現しやすい。しかし、

③空気が乾燥していると、夜空でも写らない。有名なパワースポットで、能力者が同席して協力していると、出現しやすい。しかし、写らない場合がある。

④諸条件が満足された状態で出現し、そして写されたオーブは、ほぼ明確な輪郭をもつ。

また、オーブ像には、カオス・アトラクター形成以前のもの（内部に模様が無い）と、形成以後のものがある。形成以後のオーブは非対象のマンダラ状模様を持ち、核を持っている。撮影場所の影響を調べところ、オーブの存在と、写されやすさ、の分布状態（状況）は、撮影場所（福島、八王子、東京、京都、香港）には依存しない様子である。

（3・5）「オーブ」の撮影状況

夕方の時間帯、または朝の時間帯になるとオーブは出現しやすくなり、写り易い。しかし、それ

らの明暗の折り目の時間帯（分岐時間帯）でも、写らない場合がある。こんなときには、経験として、同一場面を繰り返し、繰り返しフラッシュ撮影する。するとオーブが撮れるようになる。しかし出現後、暫くすると、また撮れなくなる。次に、繰り返すと撮れる様になる。これは、空気中に存在する赤外線量に関係がある（文献６、P.237参照）と考えられる。

米国のＭ．ＬｅｄｗｉｔｈとＫ．Ｈｅｉｎｅｍａｎｎ（２００７年）ら（文献１、P.237）によると、オーブは次の①～⑤の性質を持っているという。

①赤外線領域の写せるデジタルカメラを用いて、フラシュ撮影すると写る。

②撮影を継続すると、オーブの出現回数は大幅に増加する。初期には５０回に一回位であったのが、約１０万枚を越す現在では、約１０倍程度も増加している。

③夕方で薄暗い時に写り易い。特に雨模様で湿度が高い時に写りやすい。しかし、

④室内でも背景が薄暗い（黒色）場合に写り易い。

⑤ある一定の条件下では、同一種類のオーブが写る傾向がある。

（３・６）オーブ像の検討

オーブ像の出現や撮影状況は、実験内容から見

て
「撮影者とオーブとの間に相互関係（作用）がある」と判断できるので、一種のマクロＰＫであると言えよう（文献４、５、P.237）。ＰＫの場合、関与する物質はサイ（気）であり、サイ（気）には物質的な面と意識的な面があり、オーブも同一である。

筆者らは、外気並びにオーブの物理的な性質を式（１）と（２）で表示している。意識に反応する面がプラズマとは異なり、サイ(気)としての、情報と機能を持っている。

サイ（気）の概略をあげる。素粒子類似で波動性と粒子性を相補的に持っている。つまり波動であり、粒子でもある。姿や形は不定で、非局所的に空間に広く拡散分布している。異なる波が、もつれあって、曖昧な状態で空間に幅広く拡散して存在しているが、観測・測定によって確率的に位置を固定（出現）する。

また時間や空間の枠組みをこえて存在する性質がある。つまり距離に関係なく、遠方まで、瞬間的に移動する。此の時の搬送波としては、縦波（スカラー波、音）と横波（電磁波）が用いられている。エネルギー源としては、原子核の中の不安定な中性子の崩壊の時のエネルギーを使うことになる。

報告されているオーブ並びに自ら撮影した約８８０枚の写真（２０１２年10月現在）を都合良く説明する為にモデル（仮定）を設定する。

（オーブ）＝（ＰＳＩ-ｐａｉｒ群）＋〔イオン・ボール（陽イオン、陰イオン）〕・・・・・・・（１）

（雲状ＰＳＩ-ｐａｉｒ 群）＝（雲状陽電子）＋（雲状電子）＋（雲状微細身素粒子群）・・・・（２）

雲状陽電子は宇宙から降り注ぐ宇宙線の中にもあり、さらに、陽子過多を持つ不安定な原子核のなかの中性子のベータ崩壊時に生成される。雲状電子は空気中で割合に安定に存在している。雲状微細身素粒子とは身体を取り巻くオーラ、またはバイオフォトンの一種で、周波数の異なる多重多層の光子群からなる。これらは「＋」（陽）と「－」（陰）が混ざり合って、大きな群を形成し、全体としては「中和」の状態にある。イオン・ボールについては後述する。

（３・７）プラズマの生成

大気中には、宇宙から降り注いでくる宇宙線によって生成されるイオン（ｉｏｎ）が存在しており、これが地球上に降下してきて、空気中にある10のマイナス6乗～10のマイナス13乗cmの大きさのエアゾール（ａｅｒｏｓｏｌ）に付着して、大球イオンになる。エアゾールは地球表面付近に多量に存在しているので、地表面の電場は、晴天時の地上で約１００［V/m］程度（高さ方向）になる。

地上では普通は負（－）に帯電している。我々は、この地球表面上で生活を営んでいる訳であるが、居住空間の上に 厚い雨雲がやってくると、雲の上側の電位は（＋）、下側の電位は（－）に帯電し、そこの地表面の電位は（－）から（＋）に変化することになる。

雨が降り始めると、雨雲の下の空気の構成成分に電離が起こり、自由電子とイオンが生成される。たとえば、ネルギーEが与えられて、空気中の物質（M）が電離して、

（M）＋（E）→M（＋イオン）＋電子（－）
・・・・・（3）

※Mは物質、Eはエネルギー

になる。これをプラズマという。つまり、空気成分を電離するとプラズマになる。プラズマは、正（＋）の電荷を持つ粒子と負（－）の電荷を持つ粒子の集合体である。

（4）検討と考察

（4・1）プラズマの性質

既知のプラズマの性質のうち、本稿に関係があると思われるものを選んで述べる。

①プラズマは電荷を持った粒子（荷電粒子）の集合体であり、集団的に運動する。

②プラズマ中の（＋）粒子数と（－）粒子数はほ

ぼ等しいので、全体としては、ほぼ中性である。

③集団としての電子やイオンの移動に伴い、プラズマ内に電流が流れる。つまりプラズマには導電性がある。

④一つの荷電粒子に対して、非常に多くの荷電粒子が相互に作用し合っている。これらの結果として、多様性が生じる。

⑤プラズマ中の電波の伝送には、縦波（音波）と横波（電磁波）がある。

⑥電子は動きやすいが、イオンは動きにくい。

⑦プラズマは、個々の粒子（イオン）や電子の動きと同時に、集団的な振舞いが重要である。

⑧プラズマは質量を持っているので、加熱すると、エネルギーが上昇し、電気抵抗は減少する。

⑨熱平衡状態では、プラズマは巨視的には一様であるが、微視的には、密度分布の揺らぎを伴っている。

⑩プラズマ中では、(＋)電荷の粒子は、この(＋)イオンの周りに集まる電子（－）によって電荷が遮蔽される傾向がある。これを「デバイ遮蔽」という。

（４・２）オーブとプラズマ

オーブはプラズマの中の特異例として存在している。プラズマは物質なので、科学的な説明が可能である。これに対し、オーブは物と心の２面性を兼ね備えているので、科学的な解明や説明は未知であり、今後の問題である。

つまり、プラズマに意識（精神）面が追加された場合の特異例がオーブであると考える。したがって オーブが撮影される為には、赤外線領域が撮影出来るデジタルカメラを用いて、プラズマが存在するであろう（薄暗い）空間に向けて、フラッシュ撮影する必要がある。

さらに、オーブ（又はサイ・気）はプラズマ中の赤外線領域（△Ｈ＝1.38［eV］、気功水測定による。別報参照）に存在しており、未知の存在（SG）の助けをかりて、変性意識状態でシャッターを切る場合に出現する様子である。

一例として、プラズマ中のデバイ遮蔽された物質（Ｍ）に対して、撮影者のバイオフォトンを放射し（変性意識状態時）、さらにフラッシュ光（１０００分の１秒）が放射された時に、オーブが形成されて、写ることになる、と推定している。

再記すると、無心、リラックス集中して、シャッターを切ると、フラッシュ光と、放出された雲状微細身素粒子（オーラ、バイオフォトン）がＰＳＩ‐ｐａｉｒ群（ＰＳＩ‐ｓｐｉｎ群）を形成し、これらが物質（M）と同調（共鳴、共振）したときに、オーブの核が形成され、オーブ（Orb）が写されるのであろう。

（4・3）デバイ遮蔽とオーブ

プラズマの中に、点状電荷（M、＋物質）を置く。（＋）電荷なので、自身の電場の為に電子やイオンを引きつけたり、反発したりして、結果として、その周りに（＋）電荷を打ち消す様な式（4）の分布を造る。

Φ（r）＝（q／r）exp（－r）／（λp）・・・・・・・・（4）

※但し　r＞0

ここで、Φ（r）：クーロンポテンシャル、q：電荷、r：距離、λp：デバイ長さである。

しかし、電子やイオンは熱運動しているので、空間的に一様分布を造ろうとする。

これらの2つの運動の釣合いにより、（＋）電荷を遮蔽する空間の分布（ほぼ円形）が決められる。両者がバランスした時の、遮蔽距離の特徴的な長さを「デバイ長さ、デバイ遮蔽」という。プラズマの中には正（＋イオン）と（－イオン）が太極図状に絡み合うイオン（プラズマ）ボールが有り、（＋イオン）》（－イオン）になるものがオーブの核に成るのであろう。オーブがほぼ円形に撮影されるのは、このデバイ遮蔽の効果の為であり、大きさは式（４）に依存するであろう、と判断している。

（４・４）カオス・アトラクター

振り子状に、バランスが保たれているプラズマがある。このプラズマ中の電子分布に粗密が生じる場合を想定する。この粗密を打ち消すために、振り子に復元力が生じ、生成される静電場によって電子は加速されて動くが、(振り子が）釣合い点を過ぎると、逆の粗密が生じる。そして逆向きの電場になって逆方向に動く。この粗密を平坦化するように電子は、逆向きに働く。これらが返されると、振り子が左右にふれる様に、プラズマが振動する。つまり「プラズマ振動」が形成されることになる。

詳細は省略するが、オーブの円形の中の非対称のマンダラ模様並びに干渉縞は、このプラズマ振動が、伝達物質ＰＳＩ-ｐａｉｒ群の作用の為に、カオス・アトラクターに変化・成長した為ではないだろうかと推定し、判断している。

これの裏付けとして、オーブは自己相似性を持つフラクタルの構造体であることが判明した（苗鉄軍、佐々木茂美、２０１２)。オーブの画像解析により、オーブのフラクタル次元Ｄ２は、

「Ｄ２＝２～３」

となっている。特徴として、フラクタル次元が大きいほど、オーブパターンは複雑になり、興奮した「活発」な状態となる。逆にフラクタル次元が小さいと、静かに抑制的な状態であることを示している。

つまり、オーブの（空間に存在する）複雑なパターンは特徴量としてフラクタル次元によって記述することができることを示した。この複雑なフラクタルパターンの形成については、背後にカオス的メカニズムの存在が推測できる。言い換えれば、ＰＳＩ-ｐａｉｒ群の相反的、かつ複雑な非線形相互作用に基づいてカオス的振舞いを出現し、カオス運動の「固化」からフラクタル構造を持つオーブへの動的な変換機構が考えられる。

（5）オーブ形成モデル（仮定）

空気中に含まれる微細な水滴など空気構成要素の原子が電離して電子とイオンになり、プラズマとなる。これが環境としての電磁気場などの影響を受けて、プラズマ・ボール（イオン・ボール）が形成される場合を想定する。

図１（P.262）は、原子から電子を放出させた陽イオン（右旋回）と原子に電子を加算させた陰イオン（右旋回）から構成される太極図状イオン・ボール（プラズマ・ボール）を示している。図示の陰と陽の巴型の頭の部分には、それぞれ対応する陰と陽の小部分を内包する目（小円）と言われる部分を持っている。つまり、陽の中には少量の陰

があり、陰の中にも少量の陽がある。

　陰イオンと陽イオンから構成されるイオン・ボールの基底にあるのは電子と反電子（陽電子）から構成される図２（P.263）のＰＳＩ－ｐａｉｒである。図２のそれぞれは物質（粒子）と反物質（反粒子）の意味を持っており、電子は上向きベクトルで右旋回、反電子（陽電子）は下向きベクトルで（同様に）右旋回である。電子は空気中でも割合に安定に存在しており、陽電子は宇宙から降下するもの、ならびに不安定な中性子を持つ原子核の崩壊の際に生ずるもの、等がある。

　このＰＳＩ－ｐａｉｒに微細身素粒子（オーラ、バイオフォトン）としての下向き左旋回ならびに上向き右旋回のベクトルを加算させたのが図３のＰＳＩ－ｐａｉｒ群である。微細身素粒子は意識を変成させた変成意識状態時（未知現象生起時）のチャクラ（エネルギー・センター）、ツボ（経穴）等から放出されている。

　以上の、図１～図３は、全体としては、それぞれは、中和の状体、または夫々を加算させたとき、零（ゼロ）の状態になっている。

　空の上から降ってきたイオン粒子は、地表面付近の電場の影響（空中電界）を受けてエネルギーを増し、しだいに活性化する。図１に示したイオン・ボールは、巴形陰要素と巴形陽要素の回転に伴う押し合いにより、その境界面では中和（ゼロ場）になっている。このゼロ場は、巴形回転要素が絞り込まれて点状になってゼロ点を形成することになる。絞込みの回数が重なり、ゼロ場にゼロが積み重なると、次第に不安定な状態になり、オーブ形成の準備が整えられる事になる。つまりネルギー一定（核形成条件）で、エネルギー不安定状態となり、核形成・生成の条件が整えられることになる。

　他方、撮影者は、意識を変成させた変成意識状態（リラックス、集中）となり、無心でシャッターをきる、すると、撮影者から図３（P.264）のＰＳＩ－ｐａｉｒ群が放出されて（別報参照）、プラズマ・ボール上のゼロ点との間に共鳴、共振がおこり、オーブ核が形成されることになる。他方、

この不安定状態は、カオス・アトラクターの生起・発生点でもある。さらに、カオス・アトラクターは分岐するが、分岐点の生起・発生点において未知なる存在（SG）の働きが関与することになり、関与の内容に応じて、様々な現象（願い事を叶える）が生起・発生してくる、と判断している。

（６）むすび

　赤外線領域が撮影出来るデジタルカメラを用いて、条件さえ選べば、小円形で乳白色オーブ（Ｏｒｂ）が容易に撮れる。このオーブ出現が端緒となって、精神世界の可視化と大衆化が実現・進行する可能性がある。オーブ像の出現や撮影状況は、実験内容から見て

「撮影者と、体外にあるオーブとの間に相互関係（作用）がある」

と判断できる一種のマクロＰＫである。ＰＫの場合、関与する物質はサイ（気）であり、サイ（気）には物質的な面と意識的な面があり、オーブも同一である。

著者らの実験結果をまとめると、

①オーブは非局所的に広く拡散して、流動しながら、存在している。

②薄暗い朝方や夕方は特に出現しやすい。

③有名なパワースポットで、能力者が同席して協力していると、出現しやすい。

④諸条件が満足された状態で出現し、そして写されたオーブは、ほぼ明確な輪郭をもつ。

また、オーブ像には、カオス・アトラクター形成以前のもの（内部に模様が無い）と、形成以後のものがある。形成以後のオーブは非対象のマンダラ状模様を持ち、核を持っている。

オーブ像の出現は、一種のマクロＰＫであるため、意識に反応する面がプラズマとは異なり、サイ（気）としての情報と機能を持っている。

また素粒子類似で波動性と粒子性を相補的に持っている。つまり波動であり、粒子でもある。姿や形は不定で、非局所的に空間に広く拡散分布している。つまり距離に関係なく、遠方まで、瞬間的に移動する。

オーブ形成のモデルとして、空気中に含まれる微細な水滴などの原子が電離して電子とイオンになり（プラズマとなる）、プラズマ・ボール（イオン・ボール）が形成され、オーブ形成のベースとなることを想定する。撮影者からＰＳＩ‐ｐａｉｒ群が放出されて、プラズマ・ボール上のゼロ点との間に共鳴、共振がおこり、オーブ核が形成されることになる。

他方、この不安定状態は、カオス・アトラクターの生起・発生点でもある。さらに、カオス・アトラクターは分岐するが、分岐点の生起・発生点において未知なる存在（SG）が生起・発生してくると判断している。このカオス的仕組みの１つの裏付けとして、オーブは自己相似性を持つフラクタルの構造体であることが判明した。オーブの画像解析により、オーブのフラクタル次元は２から３までとなっていることが解析できた。

9 物理現象に加算する スピリット・オーブ

（1）はしがき

オーブは、写真撮影の記録媒体がフィルムから電子素子（ＣＣＤ）に代わる時期にあわせて出現してきた。通常は小円形状であるが、円形以外の形状のものもある、焦点距離を長くした「望遠ズーム」撮影の時にも写る、オーブ動画の諸変化の記録がある、撮影者の意識に反応して写る、などから重要な研究対象であると判断されている。

別稿では、近赤外線領域にある2種類（２重）の雲状素粒子群。陰・陽大気イオン対群、または雲状の電子・陽電子対群。雲+状の陰・陽微細身素粒子対群（オーラ、気、プラナ）が巴型状にスピンしている雲状の光子群の集合体がスピリット・オーブの母体を構成している「モデル」（仮定）を設定した（テスラ波の一種）。そしてこの「モデル」から多くの実験結果が都合よく説明できる事を示した。本稿では、スピリット・オーブ（たまゆら）が出現するための条件と思える現象を、物理的な面に限定して検討することにした。

（2）モデル（仮定）の設定

研究対象となっているオーブは、現在のところ、写真撮影（静止画、動画）以外には観察・実験する方法がないので、出現条件の究明も、限定されたものにならざるを得ない。まず初めに、多年の経験をもとに仮定を設けておき、つぎに実験・撮影をして、その可否を判断する方法がある。

地球を包み込んでいる大気圏は約３０万［V］といわれる空間電位を保持しており、そこにある空気成分の一部は、宇宙線照射等の影響を受けて、大気陰イオン、大気陽イオン、電子等に電離している。スピリット・オーブ（たまゆら）は、この大気内に存在しており、さらに、様々な塵芥（埃、エアゾール、水分等）、光子群も存在している。これらの物質は帯電しており、総ての物質（光子群）は雲状の素粒子の重ね合わせ類似の状態で存在していると考えられる。

筆者らが過去に経験した様々な実験・観察結果をもとにして、次の仮定

「物理現象に加算してオーブ（たまゆら）が出現する」

を設定する。何故かというと、そこにある物質に加算して（又は呼び水にして）出現する方が、より少ないエネルギーで、出現出来るからであろう。

（3）オーブの実験・撮影からの検討

オーブは、空気中にある可視、不可視（極微細）の物質、例えば水分や煙、埃、または光子群（素粒子群）に加算して、または上乗せして、出現す

る傾向がある。つまり3次元空間にある物質を呼び水にして、出現する傾向がある、といえる。

（3・1）煙とオーブの親和性

煙はエアゾールの一種類で、有機物が不完全燃焼する時に出る微粒子を含んだ気体（状）で、空気中に浮遊している。実際の撮影結果からみると、はっきり見える可視化された煙からオーブが出る場合は少なく、見え難いごく薄い煙に上乗せされて出現してくる場合が多い。

写真1～3（P.264）に煙状プラズマ・モイド（オーブと同一要素・内容、前稿参照）の写真を示した。撮影期日2014年11月17日、晴れ、東京都江戸川区、観音堂。（故）川崎利男氏は、この観音様にお祈りをした「御利益」で長女を授かったという（故人の言葉）。この故に、毎月の17日には必ずお礼参りをしており、10年以上も欠かせた事は無かった。

今までは、なかなかオーブは撮れなかったが、スプレー水併用、つまり、始めにスプレーで霧を蒔いておき、霧が消えた時点で撮影する方法を用いた（霧が消えた約5秒後にオーブが写る、別報参照）。今回、たまたま成功する事ができた。その一例が写真1～2で（P.264）ある。

5秒間隔の自動シャッターで撮影した（カシオ製カメラ）ところ、オーブと煙状物質（プラズマ・モイド）が、一枚ごとに、ほぼ交互に写された。

写真Ｎｏ．２０１４‐１１‐１７（省略）は、オーブ群である。その証拠には、各オーブに小円形状、Ｈａｌｏと輪郭、内側の模様、例えば１本の針金状模様または１個の核（目、不純物）がある。

写真１、２（P.264）には、煙状物質（プラズマ・モイド）が写っている。観音様の前には黄銅色の香炉があり、２~３本の棒状の線香（市販品、写っていない）が立ててあるが、そこからの煙は映っていない、また見え難い。つまり、写真撮影前の時点では、線香の煙等は目視されていない。しかし煙状物質が写真に撮っている。この煙状物質を複雑性科学解析の手法を用いてカオス解析したところ、煙ではなく、プラズマ・モイドであると判断した（内部に特徴的な模様がある）。

写真３（P.264）は２０１２年７月２８日小（土）晴れ、福島市、夏の花火大会で撮影された一例である。明白ではないが、花火の煙に重畳してオーブが発生・存在している。つまり、花火の開花時に出た薄い煙とオーブは加算しており（重なる）、煙がオーブを誘発している様子である。

（３・２）オーブと水の親和性

オーブと水の親和性は高いといえる。別報（サイ科学、Ｖｏｌ．３６、Ｎｏ．１、ｐｐ．９‐１７．）によると、噴霧水（キリ）を噴射させると、キリが消えた約５~１０秒後、つまりキリの消えたあとの水蒸気（非可視）に重畳してオーブが発生している。オーブの出現率をみると、キリ無しでは約５％であるが、キリ（噴霧）水を用いると約30％に増加する。キリはオーブ発生のきっかけを創っているといえよう。つまり、この時の撮影・実験結果は、空気中の「水蒸気」がオーブ形成の主要素である事、ならびに水蒸気に加算してオーブが発生する事を意味していると判断した。

さらに、本稿の撮影・実験の条件として、空気中に僅かの**塵芥**（エアゾール、塵、煙、光子群等）の存在が必要になる、と考えている。理由として、塵芥がないと考えられる雨上がりでは、非常にオーブが出にくい。またこの時でも、僅かな風があると、塵芥が風に乗ってやってくるのであろうか、写るようになる。上記の煙も、水蒸気も（見えない水）、塵芥の一種であると言えよう。

さらに気温が３℃以下に低下し、しかもサイ（気）が多い（強い意念）場合には、プラズマ・モイドに成りやすい。つまり気温が高い時には（飽和水蒸気曲線よりも）オーブに成りやすい（または水にならない）と判断出来る。

実験・撮影結果をみる。何れもフラッシュ撮影している。写真４（P.264）、写真５（P.265）にキリとオーブの関係を示した。

写真４（P.264）は、２０１５年１月６日、気温（最高９℃、最低１℃）、福島市飯坂、時間17時10分、カメラはカシオＥＸＺＲ７００、天候は曇りで小雨の降る少し前。スプレー噴霧（キリ）である。

写真5（P.266）は写真4のすぐ後で、同一条件で撮影された。写真画面の左方上に雲状のキリがあり、離れた右方に数個のオーブが記録されている。オーブは大小の円形状であり、キリは雲状である。見えず、写されてはいないが、キリの外側にある水蒸気に加算して（重畳上して）オーブが写されたと判断している。

写真6（P.266）は福島市、自宅前２０１３年9月8日、気温（最高２４℃、最低２１℃）、小雨の後、時間5時10分。湿度が高い為であろうか、画面中央左側に縦方向に雲状のプラズマ・モイドがあり、その周辺に大（2個）小（多数）の円形オーブが写されている。水蒸気、プラズマ・モイド、オーブと形態形成が進み、またオーブとプラズマ・モイドは組織的には同一と考えられるので、又湿度が高い為に、得られたのであろう、と考えられる。

写真7（P.267）は大雨降り時の写真である。２０１４年3月20日、（最高８℃、最低３℃）、昼間、大雨、福島市飯坂。雨粒（大小）とオーブが同居しているので、両者の区別が付けがたい。

（３・３）光に加算して出現するオーブ

静止画に比べると動画の撮影は難しい。オーブは近赤外線領域に潜んでおり、非可視である。しかしカメラを「望遠ズーム」状態にし（遠方を見る、偽オーブを避ける）、シャッターを半押しにすると、カメラから近赤外線が放射されるので、液晶モニター上にオーブが見える様になる。次に、カメラの液晶モニター上に月、星（見える、既知の光）を写しだし、これを呼び水にして、オーブ動画を写す方法がとられている。つまり、既知の光（可視の月、星）に加算して（これを呼び水に、（御願いして）オーブを出現させる方法を用いている。このようにしないと、多くの場合、現象は起こらない。筆者らの撮影には、この方法を用いている。

他の一例として、ミクロ・オーブ（念球）出現に及ぼす環境の影響を調べた（別報・サイ科学１９７７年、Ｖｏｌ．２、Ｎｏ．１１、ｐｐ．３‐８．参照）。既知の電磁波ノイズと室内光ノイズを遮断した空間（ブリキ缶、空気中）、ならびにその空間に既知の物理光を加算した場合の実験を、夜間に、おこなった。約10㎝直径のブリキ缶のなかに受光センサー（ＳＰＤ）をおいた。被験者は清田益章師、共同研究者は佐々木茂美、小川雄二ら。意念の作用によって暗缶内に発生したミクロ・オーブ（１㎜径）の移動は、群パルス状で、うねりの様な緩急運動を繰りかえしている。その分布状態はほぼ正規分布である。室内光ノイズを加算させると、最頻値はしだいに増加する（7.8［Hz］に近づく）。

なお、パルス波形のピーク値はほぼ指数分布である。また周波数の分布状態は、ほぼワイブル分布である。さらに、ＦＦＴ解析によると、100［Hz］にピークがある。これは、ミクロ・オーブが室内の商用電源光（東京電力、50［Hz］）を使っている事を意味するのであろう。つまり、暗缶内には殆ど室内光はない筈であるが、極僅かに暗缶内に漏れた室内光を利用して、または之に上載せして、ミクロ・オーブを形成している、と推測できる。これらから推定すると、ミクロ・オーブは室内光に加算して出現してくる、といえよう。

（3・4）物理現象に上乗せして生起する

意識と体外にあるスピリット・オーブ（たまゆら）とは、同調しており、情報交換しているので、マクロPKの一種であると言える。著者らの別の実験と検討から見ると、スピリット・オーブ（たまゆら）の構成要素はサイ（気）の構成要素と同一（PSI‐spin群、テスラ波、陰・陽素粒子群）なので、一例として、スピリット・オーブ（たまゆら）の代わりにマクロPK現象を見ることにする。

メタル（金属）の念力変形実験を実施した（PS学会誌、1978年、1‐3、pp.8‐15.参照）。メタル（金属）に、次第に載荷重して、この基板の変曲点（降伏点、弾性から塑性に変化する点）に達したときに、PK変形が生起した。つまり、陰と陽を桔抗対峙させた時に出来るゼロ場の中のゼロ点、これがPKの発生点である事が分かった。

検討結果として、このゼロ点では、マクロとミクロの変換、変性意識（ASC）と物質などの変換が行われている事を確かめた。この意味するところは、サイ（気）としてのＰＫ現象は、メタルの変曲点に加算して、または上乗せして、現象を起こしている、と判断する事が出来る。

10・1　ノイズとしてのオーブ（撮影特性）

（1）オーブの登場

①オーブはデジタルカメラで撮影したときのノイズ（画像）として登場してきた。写された画面からは除去されるべきであり、邪魔者である。しかし、このオーブは、どうも、霊界や意識に関係するらしい、と言う事で重要視され研究されたが、いまだに研究は少なく、判らない事が多い。オーブは、写真撮影の記録媒体がフィルムから電子素子（ＣＣＤ）に変わる時期に合わせて、低価格で操作が安易なオートフォーカスのデジタルカメラの画面上に多発してきた。

②通常の写真撮影では、可視光線範囲内のみが高品質に写し取れればよいのであり、その他の波長範囲は邪魔であり、除外されるべきである。そこで、レンズ系や電子回路系等のフィルターで除去する事になる。

ところが、他方、サイ科学の分野で検討したところ、オーブは近赤外線の光線範囲内に存在している事がわかった。つまりカメラが問題である。画像処理などによってオーブを分析し、解析する立場からすると、ＣＣＤカメラの受光面上のピクセル（画素数）が多量であり、細部まで検出可能な、高品質撮影が可能な高級カメラが望ましく、しかも、近赤外線領域迄も撮影可能なカメラが望まれている。最近になると、ＣＣＤに代わって高品質なＣＭＯＳ（相補性金属酸化皮膜半導体）素子を用いたカメラが販売されている。

（2）オーブには不思議な性質がある

①オーブはノイズとシグナルの間に存在している。可視光線域のみを撮影する立場からすると、ノイズである。しかし、このノイズ域に有るオーブには不思議な性質がある。

②例えば、「人の意識に反応すると思える」性質がある。実験を続けていると、撮影者の意識（無意識）が撮影結果に影響してくる。「夢に見た形態」が撮影結果として写る。撮影者が瞑想などにより自らの脳波を下げた時の撮影者の意識（イメージ）が写されてくる。つまり、

③或種のマクロＰＫのような性質がある。マクロＰＫとは、意識と体外に有る物質の間に直接の相互作用があることを言う。これは、サイ（気）を研究する立場からは非常に重要な性質であると言える。

④オーブは近赤外線の波長領域に存在しているので、非可視である。しかし、シャッターボタンを押して、近赤外線をカメラから射出すると、カメラの液晶画面に写る（見える）ことに成る。しかし、このときのフラッシュ撮影時のオーブ出現の成功率は約50分の1である。ただし、赤外線電灯下での撮影の場合でも同程度である。これは、

単なる赤外線の存在が必要条件では無く、フラッシュ光が必要である事を意味する。他方、プレー噴射でキリを造り、キリが消えたあと（水蒸気中）では、約3分の1程度にまで上昇する。つまり、オーブ出現はフラッシュ撮影（放射）と水蒸気の存在と関係が深い事がわかる。

⑤撮影を続けると、画面に現れたオーブ（多数出現）の総てが、ほぼ同一の円内模様（表情）になる。これは、撮影者のオーラ（陰、陽の気、サイ、プラナ）が体外にあるオーブ（オーラ成分を含む）に同調したためである、と判断できる。なお、画像処理を加えると（検討によると）、同調しない雲状の小オーブがノイズとして多数、点在している様子である。

⑥キリや埃（偽オーブ）からの反射光であろう、と判断される場合（撮影結果）では説明出来ない強い発光がある。つまり自己発光がある。

⑦オーブの自己発光の理由としては、M．Ｌｅｄｗｉｔｈと K．Ｈｅｉｎｅｍａｎ（２００７）による解釈（説明）がある。オーブをストロボ（フラッシュ）撮影した時にフラッシュ光によって原子内にある電子が、より高い軌道に量子飛躍し、フラッシュが消え時に低い軌道に戻る。このときの緩和エネルギーに相当する電磁波（光）が発生する。之が自己発光の主因であると考えている。筆者らもこの説明に同意する。つまり、次記が考えられる。

⑧マクロＰＫ（類似）と、フラッシュ光の結果として、近赤外線域に潜んでいたオーブが振動数を高めて可視状態になり、円形ノイズとして写真に写ることになるのであろう、と判断できる。

１０・２　オーブ出現（素粒子的・変性意識的）

（１）はしがき

縦、横、高さで表される3次元の空間に時間を加えた4次元の巨視的・科学的な世界では、周知の様に、因果律や再現性が成立している。周知のように、これらの巨視的な物質世界を支える基盤は微視的な量子（素粒子）の世界であるが、そこでは、個々の因果律や再現性は成立しにくく、また見えにくい。また、人は肉体と精神（魂）とから出来ており、4次元の時間、空間世界で毎日の生活を営んでいる。

今回、検討の対象にした巨視的な物質としてのオーブ（たまゆら）には、別稿でも述べた様に、不思議な事に、素粒子類似の性質が現われている。また同時に、不思議な事に、意識的な面を兼ね備えている様子である。これらを合わせ持つような、こんな不思議な物質は、今までに、経験したことも無く、聞いた事もない。そこで今回は、主として、オーブ（たまゆら）が示す巨視・微視的な性質を検討し、同時に、そこには意識的な面が加算されている、と考えられる事等について考察し、報告する事にした。

（2）撮影・検討結果

（2・1）判明・推定した物質的な面

①写真撮影の記憶媒体がフィルムから半導体（ＣＣＤ）に移行するに伴って、乳白色の小円形状のオーブが、ノイズとして撮影画面上に写り込んできた。しかし、その位置や種類、大きさ等はランダムであり、また非局所的である（広く、拡散している）。

②空気成分が電離していて、しかも湿度が高いような薄暗い空間に向けて、近赤外線領域が撮影可能なデジタルカメラでフラッシュ撮影すると、オーブが撮影される（肉眼では見えにくい）。

③空気中にある近赤外線量（活性化エネルギー、約1.38［eV］）が或値に達した時（フラッシュ光の蓄積値）に写りやすい（繰返し撮影すると写るようになる）。

④撮影条件として、ズームによる望遠レンズ状態で撮影すると、真オーブが写りやすい。

⑤写されたオーブ（たまゆら）の小円形の輪郭はほぼ鮮明であり、円の周辺では、外側に向けて放射線状の短いヘイロー（Ｈａｌｏ）を伴っている。またオーブの内部には非対称の干渉縞状模様やマンダラ状模様（表情）を伴っている。

⑥雨の降り始めに写り易い。つまり水との親和性

が高い｛電離した水素イオン（H^+、陽）陰イオン（OH^-）｝。つまり大気陰・陽イオン・ボール形成に関係している。

⑦オーブは大気陽イオンと大気陰イオンの組合せから形成されており（巴型の回転・スピンを伴う）、核（エアゾール等）を内蔵している。これに

⑧意識要素としての素粒子群（ＰＳＩ－ｓｐｉｎ群）が加算されたもの（カオス性の揺らぎを持つ）を「たまゆら」と呼んでいる。

⑨巨視的な大径オーブ（たまゆら）は、微視的な小径オーブ（たまゆら）の集合体（ＰＳＩ－ｓｐｉｎ群であり、中にプラナ（微細身素粒子）の混入を仮定している。つまり中実・集合体状である。

多数のオーブ像を検討・考察した結果として、巨視的なオーブ（たまゆら）が、量子的な性質を持つのは。出現時に、構成要素としての素粒子群（ＰＳＩ－ｐａｉｒ群）の性質が表れる事に起因するのであろう、と判断している。

（２・２）判明・推定した意識的な面

①社寺、仏閣等の聖地やパワースポット等の場所、お祭りの行事など、人々が気に掛けている特定の場所、特定の行事の際に、写り易い。

②何時も写るとは限らない。一般に、再現性に乏

しい。Aさんのカメラには写るが、同一場面で同時に写しているBさんのカメラには写らない（個人の意識に関係する）。しかも、Aさんの場合でも、簡単には、写らない場合がある。「写る」は、意識的にはコントロールが難しい、つまり、「気まぐれ」である。

③雑念を取り去り、無心で、熱心に撮影すると、写り易い。つまり変性意識状態（ＡＳＣ）に近づく必要があり、意識的な努力はむしろ、出現抑制に働く傾向がある。

④無心に、熱心に、お願いすると写り易い、ＡＳＣに近い意識状態に反応・応答する。しかし、これらの条件が揃うと、情報交換が可能になる。

⑤瞑想法などの訓練を経て、意識的に、脳波（ＥＥＧ）をデルター波などの低周波数域にまで下げる事が出来る人の場合には、写り易くなる傾向がある。

⑥撮影者の変性意識状態（ＡＳＣ）とオーブ（たまゆら）は、同調していると判断・推定している。

（３）測定結果の数例

新しい試みとして、カメラの手ぶれ写真像を介してオーブの性質・特徴を調べる事にする。使用したカメラはＮＩＫＯＮ　Ｅ-２２００、フラッシュ、オート。

写真１～３（省略）は２０１４年３月５日（水）、小雨、朝方の５時13分～５時20分、福島市遠瀬戸、実験室前。

写真４～５（省略）は２０１４年３月20日（木）、小雨、夕方19時15分～19時25分、同実験室前。

写真１～５（省略）において、オーブ（たまゆら）は乳白色の小円状に写されているが、それぞれの位置は不確定に分散している。撮影前は、P.278図９のＰＳＩ‐ｓｐｉｎ群の構成要素（大気イオン、雲状サイスピン、エアゾール）が、分散した波の重ね合せの状態で、ランダムに揺らいでいたのであろう、と判断できる。

写真１（Ｎｏ．１７０７、省略）をみる。そこに存在している照明光（既知の光、街灯、窓の光）が、カメラの手ぶれ像の軌跡として、ライテング・ライツ（ａ）を画いている。沢山のオーブ（未知）は、フラッシュ光による反射光で小円形像（ｂ）として撮されている。中央と右側にオーブの乳白色発光前幕シンクロ像（ｃ）がある。

これらの時間経過をみると、

（ａ）シャッターの開閉の全時間

（ｂ）シャッター開と前幕シンクロ・シャッター
　とフラッシュ時

（ｃ）シャッター開と前幕シンクロ・シャッター
　　とフラッシュ時、シャッター閉

に撮された、と判断出来る。つまり、この手ぶれテストによって、オーブの存在時間が判る。

写真２（Ｎｏ．１７１０、省略）は、手ぶれ時間を短くした場合である。右下３個所にライテング・ライツ（ａ）。その上には、街灯光（Ｈａｌｏが直線的で長い）がある。大小のオーブが撮されているが、左側に、薄い（弱い）光ではあるが、唐鏡状の内部模様を持つ大オーブが撮されている。オーブの存在時間は、写真１とほぼ同一であろう。

写真３（省略）には、プラズマ・モイドと放電の光と思われる幕像が右側に写されている。また三日月型の小オーブが写されている（理由は別報予定）。その他は上述と同一である。

写真４〜５（省略）は、上述とほぼ同一条件で撮影されている。写真４には、右下と左下に照明光の手ぶれ光跡がある。大小多数の様々なオーブがランダムに写されている。

写真４（省略）には、右側に大きなプラズマ・モイドが撮されており、左上に大きな非対称干渉縞模様状マンダラが１個、右上縁に薄土色の厚みのある大オーブが１個、左側に強い乳白色発光小オーブが１個撮されている。

（4）検討ならびに考察

撮影されたオーブ（たまゆら）の出現の状況や、現れた位置等から判断すると、次の性質が有る様子である。

（1）撮されたオーブの位置は、非局所的であり、ランダムに広がっている。それぞれは独立、不確定（予め、決められない）であり、撮影の都度異なっている（揺らいでいる）。これらは、素粒子の持つ性質と類似している、または同一である、といえよう。つまり、オーブの出現には素粒子の確率的な性質が出ており、巨視的な物質としての再現性や因果律は成立しにくい。これから考えると、オーブは大気イオンや意識的な素粒子群を電磁気学的に集めた（クーロン力による）巨視的な物質として存在している様に思える。

それらと同時に、オーブは「お願いすると現れる」、「意識に反応する」など、意識的な面も有る様子である。つまり、体外の空間に現れる（撮された）オーブ（たまゆら）と撮影者の意識とは、直接的な、情報交換をしている、と判断できる。

以上のように、出現・撮影されるオーブ「たまゆら」は、巨視的・微視的（素粒子的）な性質と、物質的・意識的な面を兼ね備えている様子である。

これの持つ意味合いは何かというと、遠い昔からの民話や伝承に「おばけ」、「幽霊」、「妖怪変化」

などがある。それらはオカルトで、人間生活には用の無いものであり、無駄は排除すべきである、と近代科学は判断してきたらしい。しかし、それらは、ことによると、低レベルの「オーブ（たまゆら）」を意味しているのかも知れない。

つまり、現在の実測・研究の段階で出現してくる「オーブ」は低レベル（低周波数）の光子集合体群であり、実際には、より高レベル（高周波数）の、未知のオーブ（たまゆら）が存在する、と推定できる。今後の多くの人達の研究と努力により、より高度の「たまゆら」、たとえば、「ご先祖霊（様）」、SG」等の「たまゆら」が出現することが期待されている。これらと情報交換が出来れば、誠に幸いであり、有難い。

「たまゆら」の研究を介して、新しい精神・科学の研究が開始されて、人々を本当の幸せに導く事に成るのかもしれない、と考えている。

図1、オーブ（たまゆら）のモデル（仮定）は、図1（P.33）を参照願います。

申し訳ありません、紙数の関係から、写真1～5は、省略させて戴きます。

11　ゼロ場（ゼロ磁場）とは何か

（1）はしがき

「ゼロ場（ゼロ点）」の基になっている現象は、約40年前（1976年）に来日したユリ・ゲラーの「メタル・ベンデング（金属曲げ）」ＴＶ公表時に発生した。「不思議な変形（曲がりかた）を見た」を検討するための基礎実験が電気通信大学の実験室内（佐々木、越智）で行われ、これを基にして「ゼロ場」が発見された。そして、これは、サイ現象（超常現象）の発生・生起に関連した新しい現象（基準）になるだろう、と判断した。

しかし解明が未消化であり、考察と表示が浅薄であった。したがって、ながい期間にわたってゼロ場やゼロ磁場の意味が理解されず、いまだに、多くの問い合わせや質問が寄せられている。そこで、今回は、より広い立場からその意味を解説する事にする。

（2）ゼロ場の発見（メタル）

筆者らは、メタルの強度と変形に関係した問題を永い期間にわたって研究してきた。したがって、変形や破断の判断にはより豊富な経験を持っていると思う。当然ながら、サイ科学分野への研究も、メタルから開始することになった。

ユリ・ゲラーの「不思議な曲がりかた、を見た」

の実験は、解析が容易な条件を選んで、実験室内でテストする事になり、メタル・ベンデングの出来る少年たち（念力の能力保持者）の協力のもとに実施した。短冊形（板状）の焼きなまし処理を施した軟鋼材を用い、「曲がれ」の意念（オーラ）の基に、階段状に荷重を加えてゆく（数回～10回程度）。載荷による加圧力と軟鋼内部に生じる反発力の間に生ずる「相殺ゼロ」の階段的な累積を生じさせる。これが、ほぼ降伏点に達すると、急に念力変形（ＰＫ変形）が生じ（加算される形で）、すぐに再載荷しても、極僅かな荷重の間は、変形しない。

この降伏点は、軟鋼の強度（変形）の分岐点であり、降伏点以下は弾性変形、降伏点以上は塑性変形である。つまり、

「念力変形を発生させたい」

の意念（オーラ）の基に、「相殺ゼロ」を重ねると、基材（軟鋼材）のほぼ分岐点（降伏点）で念力（マクロＰＫ現象）が発生する。

サイが作用・存在する場において、相殺零を離散的に累積し、このゼロの集積値が或る値（変曲点、分岐点）に達すると、サイ現象が生起する。

ゼロの累積・集積（新しい言葉）がサイ（気）現象生起に関係がある。

ゼロを集積する場を「ゼロ場」と呼ぶ。ゼロ場の中にゼロ点があり、ゼロ点（ゼロ点）ではマクロとミクロ、意識（意念）と物質、超常現象発生などの変換と生成が生じる。と云うことが分かった。

（注、これらの『ゼロ場（ゼロ点）』の発見は、**平成21年秋の瑞祥中綬章授与の一部になった。みなさまがたにお礼申しあげます**）。

（3）相殺ゼロ磁場と「気」

「相殺ゼロ磁場」に最初に注目したのは、電気工学者の故大橋正雄氏だったと思う。導線に電流を流すとその周りに磁場ができる。無誘導巻きコイルの右巻コイル部分に生ずる磁場と、左巻コイル部分に生ずる磁場を衝突させると、互いに消し合って零になる（相殺ゼロができる）。しかし、エネルギー保存則から判断するとゼロにはならないで別の物質に変換される筈である。

この無誘導巻きコイルに交流を通電した場合には物質波（縦波、スカラー波）に成ると大橋氏は主張した。しかし、これは、ド・ブロイ（1924年）が提案した「物質波。ド、ブロイ波」と名前が同じであった為か、あまり注目されなかった様子である（大橋、波動性科学、1988、たま出版）。

さらに佐々木茂美、小林泰樹、故大橋正雄（人体科学、3巻1号）は、意念（オーラ）を持つ実験者が造った無誘導巻きコイル水の電気伝導率等を測定・解析して、これが気功水（サイ、プラナ、気、の含有水）である事を確かめた。

またこの水を加熱させた場合には、電気伝導率が高くなることから、サイ（気）の熱活性化エネルギー（△H＝1.38［eV］）を測定した。

これらの結果から、サイ（気）の性質として、サイ（気）は近赤外線領域に存在している事を発見した。

また赤外線分析（IR）とレーザー・ラマン分光分析を行った結果として、スペクトルの位置は変わらないで強度が低下する（インテンシティは、0．9943から0．6579に）。つまり、サイ（気）は水の分子構造は変えないで、水素結合を弱める性質があると判断した。

また核磁気共鳴分析（MRI）の測定結果から、この水は、O‐Hの伸縮振動を起こし易くする場合と、起こし難くする場合のある事が判った。つまりサイ（気）には「正」の効果と「負」の効果（シュレディンガー波動方程式に虚数が含まれる為か）があるとした。

サイが作用・存在する場において、相殺零を離散的に累積し、このゼロの集積値が或る値（変曲点）に達すると、サイ現象が生起する。

ゼロの集積がサイ（気）現象生起に関係があるという事であり、新発見であった。しかも、これらは、東洋の伝統文化の太極図（陰、陽の巴型シンボル）の実験的な測定結果であると判断された。

そして、暫く時間が経過して１９９３年８月27日になると、中国人体科学会（銭学森会長）の理事長張震カン理事長から、筆者宛に直接の連絡があり、これをきっかけにして日中の共同研究（水、植物、魚、受精卵、初生鶏等、３~５年間）、特異能力者の張志詳師（意識研究）の来日、分杭峠（伊那市、パワースポット）の発見、江沢民主席の来日時に大使館からの連絡で歓迎会に出席。苗鉄軍博士との共同研究（日本）等、様々に展開する事になった。

（４）透視と念写

いまから約35年前、中国では、透視に関する種々様々なテストが実施されていた。日本では、宮内力、福田豊両氏は、清田益章少年を被験者にして、念写の研究を実施していた。

ほぼ同時期に芳賀秀雄、早瀬勇一（大学生）は、山下祐人少年を被験者にして自己催眠法をもちいた非眼視覚（透視）能力の開発・訓練とその実験を行っていた。山下少年は、これらを基にして特異能力訓練法を樹立し、同時に自らの特異能力も高める事ができた。

そして、この山下祐人少年を被験者にして、透視と念写の実験が、筆者らによって実施された。山下少年は、変性意識に近い状態（ほぼＡＳＣ）でテストしていた。自らの肉眼（眼球）を使わないで物（画像）を見るテスト（透視、非眼視覚）の際の光は、向側からやってくる。この光は室内光とは別である。試行錯誤した後にテストした。目隠しをする。

①**暫くの時間が経過**した後（４～８秒）に、突然に、見えるようになる。

②おでこ（ひたい）の前方に**メンタル・スクリーン**が出来て、そのスクリーン上に前方の画像が、部分的にポーン、ポーンと出てくる。従って、図像の難易には無関係に透視する（模写する）ことができる。

③透視で見た図像を模写（手書き）したものは、**鏡像関係**（右左が逆）になっていた。

④**感覚的（熱い、冷たい、におい等）な反応が、視覚の情報よりも、先に来る。**

⑤透視中に**被験者の身体にアース**すると、突然、画像が崩れて見えなくなり、ショックが体中を走りぬける。

⑥画像を**色紙**にした場合には、スクリーン上で、**知覚される時間が異なる**（１～15秒）。テストした13色の中で、白色と黒色が一番よく見える（早く

見える）。一番遅く見えるのは茶色である。

⑦室内の**明るさにも関係**があり、明るい程早く、よく見える。

⑧**見える範囲**（知覚できる範囲）はきまっており、前方に三角形柱状であり、割合に狭い。

⑨**透視**が可能な時には、**念写**も可能になる。その他。

これらの実験結果の中から、透視の可否の条件（基準）を取り出して検討・推定する。上の①としては、被験者は、波長の異なる幾重もの卵型のオーラ（波動の異なる、非可視の）に包みこまれて存在している、と推定。意念で見ようとすると皮膚（チャクラ）上のＡ点から放出されるＰＳＩ－ｓｐｉｎ群（光子群、サイ、気）は、自分自身のオーラ壁上にある対象物「Ｂ点」にぶつかり、鏡状に反射されて、戻ってくる。この時、ＡとＢ（オーラの鏡面）の間では、ＰＳＩ－ｓｐｉｎ群の行きと帰りで相殺ゼロが形成される、と判断できる。上の①で、

幾度となく施行錯誤した後。暫くの時間が経過した後で、突然見えてくる。これは

サイが作用・存在する場において、相殺零を離散的に累積し、この**ゼロの集積値が或る値（変曲点）に達すると、サイ現象が生起する。**

この相殺ゼロが離散的に累積されている、のであろう。

ゼロの集積がサイ（気）現象生起に関係があると、考える事が出来よう。なお②～⑧は、透視時に現れるサイ（気）の性質を意味しているのであろう。

（5）オーブ（たまゆら）の発生

オーブの発生条件となるのは、**ゼロ場（ゼロ点）の形成**であると判断できる。オーブの芽（種）は、PSI‐spin群（陰性、陽性の雲状光子群）として撮影者付近の近赤外線領域に存在しているが、撮影者の呼び掛け（意念）に応じて、マクロPKとして撮影者とオーブとの間の情報交換の後、可視光線領域まで波動をあげて（例、高波動の雲状光子群を吸収する等）、目に見えるように（可視化）なる。

通常、オーブの出現には、フラッシュ光を用いて撮影するが、写らない場合には、何回か繰り返して実施すると写る（出現する）事になる（多くの実験値がある）。これは、上で述べたように、Aの撮影者と（Bの）オーブ間で、情報交換（マクロPK）を繰り返すことにより、AとBの間に相殺ゼロの累積が生じ、これが一定値に達すると、ゼロ場が形成されて現象（オーブ生起）が起きるのであろう、と判断できる。

１２　スピリット・オーブの構成要素

（１）はしがき

マクロＰＫ（念力）は、意識と体外にある物質との間に、直接の情報交換がある、と主張している。この現象の存在は古くから知られていたが、その理由や機構は不明であった。Ｈ．Ｆｏｒｗａｒｄは、不安定性を持つ原子核内の中性子のエネルギー変化から念力の力を得ていると推論した。

本稿では、検討・考察の結果として、発功時に皮膚から放出される雲状ＰＳＩ－ｓｐｉｎ群（スカラ－波）が、中性子に直接作用してマクロＰＫのエネルギーを得ているのであろう、と推察した。

（２）気発功時の放出エネルギー

（既発表、引用論文）

①はじめに文献を紹介する。

マクロＰＫ（念力）は、対象物を構成している物質の、不安定性を持つ原子核内の中性子の質量ｍがエネルギーＥに変わり、

$$E = mc^2 \quad (c = \text{光速度}) \cdots \text{（式１）}$$

このＥを介して生じる力を用いて、念力として発生する、とスウェーデン人のＨ．Ｆｏｒｗａｒｄは、米国Ｄｕｋｅ大学におけるサイコロ投下の実験結果から推定した（１９５１年）（サイ科学、Ｖｏｌ．１、Ｎｏ．３、ｐｐ．２２－２７、関英男先

生文献紹介）。

②生体からの特異放射（サイ、気、核エネルギー）には中国の実験・報告がある。顧函森らによると、気発功時の気功師からは電磁波（１９７９年）、（低周波赤外線、出力30～65［dB］）等の放出がある。また、陸祖蔭らは、気発功時の厳新からは最大値で120［mR］の放射線（熱ルミネセンス線量計）の放射が有り、さらに、放射される外気は核物質の崩壊エネルギーを変化させる事ができた（アメリシウム２４１をネプツニウム２３７に）、等と報告している（１９８８年）、（ガンマー線計測）。

（３）放射線被爆と「気」と生体（センサー水）の実験

本節では放射線と気と生体の関係を扱っている。はじめに、スピリット・オーブ発生時に、これらはどのような関係を持つか等を知る為の基礎として、約10年前（２００８年頃）に行った筆者らの実験結果（未発表）を提示する。

人工外気として、水晶・無誘導コイル・装置を８［Hz］で駆動した。放射線には秋田県の玉川温泉の湯花粉（0.06～0.08［μSv／h］）を用いた。この結果の一例を図１（P.267）に示した。

生体の代りにセンサー水を用いる。放射線被爆水、並びに人工外気と放射線を同時にあたえた被爆水、対照水のそれぞれの恒温槽内（40℃）における電気伝導率変化を縦軸に、横軸を経過時間に取って示してある。伝導率変化の正（＋）変化を損傷の修復、負（－）変化を損傷と見なすことにした。

図２（P.267）はこれらを纏めなおしたものである。対照と比較すると、

①放射線被曝によって損傷が生じる（７％）。

②しかし人工外気と放射線を同時に与えると修復が進行する（約11％）。このとき、実験範囲内では、

③放射線線量が低いほど、修復は大になる傾向がある。

以上から、放射線と生体と外気の間には密切な関係のある事が推定される。

（４）生体の電気・機械振動と「気」の関係

オーブと情報交換を行ない、動的スピリット・オーブを出現させる（お願いして、発生して貰う）為には、環境を含めて十分な準備が必要であろう。筆者らの実験結果の中から、本稿に関係があると思われる部分（１９８８年実施）を記述する。念力（マクロＰＫ）の際の**脳波測定（ＥＥＧ）**と**マイクロ・バイブレーション（ＭＶ）測定**を行った。

①姿勢を正し、呼吸を整え、願いと感情をこめてリラックスする事により、前頭葉部の脳波（ＥＥＧ）をアルファー波にする。つぎに、

②精神と意識を集中する事により約10～11［Hz］、振幅60～90［mV］へと増加させる。すると、皮膚振動も緩んで約10［Hz］のＭＶを繰り返す様になる。つまり**ＥＥＧとＭＶが共振する**ので、気血の循環とエネルギー代謝が促進されて、治病や強身に有効に作用することになる。つぎに、

③意念を用いて強くイメージすると**サイ（気）現象が生起**してくる。この時、脳波（ＥＥＧ）はレーザー光のように周波数と振幅が10［Hz］、90［mV］にほぼ揃えられる傾向がある。

④右側頭葉はサイ現象の有無、左側頭葉はその判断、前側頭葉は判断と認知を分担している。つまり**脳内では、通常のさめた意識の場合とほぼ同一の内容の情報処理**が行われている様子である。

なお、体表面微小振動（ＭＶ）とは、温血動物の皮膚表面が、安静時に7～13［Hz］、1～5［μm］の機械振動を継続している現象をいう。ＭＶは感情の影響を受け易く、機能的なので、ＭＶとＥＥＧとは通常は無関係であるが、レム睡眠時又は無意識時には相互関係を持つようになる（坂本和義ら）。また、筆者らは脳波計を用いて（電位法によって）発功時の大脳と経穴そしてＭＶを調べた。

⑤**経穴と皮膚の電位活動（ＳＰＡ）**は、感情の影

響を強く受け、機能的ではあるが、ＥＥＧとほぼ同一の周波数範囲内で、振幅はＥＥＧよりもより大きく、ＥＥＧとほぼ同一の周波数範囲内で振動している。

⑥気は蒸留水に吸収され易いので、**気を介して、空気の水蒸気と生体の間に交流**があると思える。また大気中には宇宙線などによって生成された陰、陽のイオン群が存在しており、これが気の働きに影響を及ぼす。

⑦経穴はそのまわりの皮膚よりも約１００分の１も電気抵抗が小さいので、**経穴を介して気が出入りする**と考えられる。

⑧興味深いのに、**シューマン・レゾナンス現象**がある。これは、上空の電離層と地球との間の８［Hz］付近の電気振動の共振を意味するものであり、生体や気のコントロールに密接に関係している。

（５）念力は原子核変化に及ぶ

今から約１１０年前に設立された超心理学会（世界で最初、英国、ＳＰＲ）の主要な研究内容はＰＫ（念力）とＥＳＰ（超感覚）であった。ＥＳＰは情報の超知覚現象（テレパシー）であり、ＰＫは意識による物質変化（念力）である。巨視的な物質を対象にするマクロＰＫは、意識の直接の作用によって物質が変化する現象をいう。従って何らかのエネルギー、力等の作用を伴っている筈である。

　これらが存在する事は古くから知られていたが、全体を説明する機構は不明であった。うえの（２）の①で述べたが、Ｆｏｗａｒｄは、式（１）（P.156）の原子核内部のエネルギー変化がＰＫの原因であるとした。筆者らはこの主張を支持し、従うことにした。

（５・１）中性子の役割

　理解を容易にする為に、始めに（周知の）説明をする（Ｗｉｋｉｐｅｄｉａ等）。物質は分子、分子は原子、原子は原子核と電子からなり、原子核は陽子と中性子とから構成されている。陽子は（＋）の電荷、中性子は電荷を持たず、電子は（－）の電荷を持つ。

（原子番号）＝（陽子の数）＝（電子の数）

である。また

（陽子の数）＋（中性子の数）＝（質量数）

である。中性子の相互作用は非常に短距離であり、不安定で、平均寿命は極短く、中性子の質量は陽子の質料とほぼ等しい。

　水素原子は陽子の数は１個であるが、その他の原子は原子番号が示す様に、陽子の数は多い。陽子同士は相互の電磁気力によって大きな斥力をうける。これを安定化させるのは中間子であり、中間子を媒介した核力が引力として働いていて、これが反発力に打ち勝って原子核を安定化させている。

中間子は仮想粒子である。この中間子が陽子と中性子を（キャッチボール状に）やり取りする事で引力が媒介されて、陽子と中性子を原子核内につなぎ止められる事になる。つまり陽子と中性子は、中間子を交換しながら安定な結合を保持している。

なお、中性子は電荷を持っていない事から、入射した物質の原子核と直接反応することが出来る。これが利用できれば、マクロＰＫの場合の力は、原子核から得る事が出来ると判断できる。

（５・２）スカラー波の発生

不安定性を持つ原子核内の**中性子に、直接に働きかける**ことが出来るのは、生体の皮膚（チャクラ、経穴）から放出される**スカラー波**（雲状ＳＰＩ－ｓｐｉｎ群）であろう。臨床を伴う古来からの伝統的な東洋医学、ならびに近年の本山博・博士らの測定・実験（経穴）によると、体内の経絡を流れる気（サイ）には、**陰経（陰の気）**と**陽経（陽の気）**がある。気（サイ）放射時にはこの両者が桔抗対峙して**相殺ゼロが形成**され、横波が縦波に変化して、スカラー波（テスラ波）になって放射されるのであろう。

一例を述べる。**チベット仏教の六字眞言**を、声を出して唱える事により、体内を流れるサイ（気）を制御して、マクロＰＫを介して**オーブを動的に出現**させ、ビデオに記録する。被験者は特異功能者の佐藤禎花師である。**指先脈波**（体内のサイ、気の流れ）の測定値を**カオス解析**して（複雑性科学をもちいる）アトラクターを画かせ、**アトラクターの駆動因子（フラクタル次元Ｄ）**をもとめた。

六字眞言に従って**フラクタル次元Ｄ値**は上下、下上、に数回変動している。これらの変化の原因を解析し検討を加えた。結果として、体内の自律神経の交換神経と副交感神経を桔抗対峙させて**相殺ゼロを造り、これを積み重ねて、スカラー波（テスラ波）群を造り、これらを放出する。**このゼロを離散的に重畳させる事が動的スピリット・オーブの形成・出現に密切に関係するらしい事が分かった。つまり、この**スカラー波が直接原子核に作用**して（式１）（P.156）からエネルギーを得ることになると考えられる。

（６）スピリット・オーブの形成

地球を包み込んでいる大気層は、宇宙線の照射等のために電離していて、上層部は陽（＋）、地表近くの下層部は陰（－）に帯電している。この為に地球は巨大な球形・地球コンデンサー（約30万［Ｖ］）として存在している。大気成分の大部分は窒素と酸素であり、他にアルゴン、二酸化炭素、水蒸気等がある。

大気電界や宇宙線等のために水蒸気は電離していて、H^+（陽イオン）、OH^-（陰イオン）、電子 e^-（−）になっている。なお水蒸気がないと、オーブ（たまゆら）は極めて出現しにくくなる。

大気イオン群の中にエアゾール（埃、微細塵）を入れると、大気電界やイオン間の相互作用などにより、大気陽イオン・ボールと大気陰イオン・ボールの組合せ（一対）ができる。

一例として、回転方向が同一で、ベクトルの向きが逆方向を向く電子（e^-）と陽電子（e^+）のｓｐｉｎ対を考える（基本構造、実際は雲状）。なお、陽電子（e^+）は、式（１）（P.156）において

$$E > 0.51\,[\mathrm{MeV}]$$

になれば、ガンマー線放射の対発生から得る事が出来る。

$$（ガンマー線）\rightarrow（e^- + e^+）$$

また、さらに、これに陽イオン（H^+）と陰イオン（OH^-）等が加算し、巴型状のｓｐｉｎ対群になる。一般には、これらが裏表、前後、左右、など様々な組み合わせ（様々な方向の相殺ゼロ）の下で、中和している集団（群）となる（イオン・ボール形成）、と推定している。

なお、以上の説明には電子（イオン）やベクト

ル等を用いたが、実際には、イオンを含む様々な雲状の光子群の組合せとして存在するのであろう。

空気成分の電離とエアゾール（埃、微細塵）によって形成された巴型の大気陰・陽イオンボール（オーブ）が、スピンによって絞り込まれて、相殺ゼロが形成され、その上に、ゼロ場（ゼロ点）が出来る、と判断している。ここにサイ（気）が加算してオーブ（たまゆら）ができる。

なお、サイ（気）は、オーラ、プラナ、雲状の微細身素粒子等から構成されており、周波数（波長）の異なる雲状の光子群の集合体である。つまり、「スピリット・オーブ」または「たまゆら」は、意識要素としてのサイ（気）がオーブに加算されたものである。

（7）意識によるオーブの形成

マクロＰＫは、意識と体外にある物質との間に、情報交換のある事を認めている。念力を生起させようと、意念を集中し、発功した被験者からはスカラー波、換言すれば、巴型状の「雲状ＰＳＩ-ｓｐｉｎ群」の放出がある。つまり、正と負を衝突させるとスカラー波になる。縦方向、横方向などの様々な方向の相殺ゼロの集合を意味する。正負の極性が無く（陰、陽の桔抗対峙で消去）、全体として「ゼロ」の粗密波（縦波）となっている事から、直接、原子核中の中性子に作用してエネルギーを得る事になる（式（1）（P.156）参照）。

さらに、このエネルギーを得た雲状のPSI‐spin群と体外にあるスピリット・オーブの芽（PSI‐spin群）とが共振して、スピリット・オーブ（たまゆら）が形成されるのであろう、と判断できる。

１３　フラクタルとは何か

（１）はしがき

オーブの円内模様（表情）を、複雑性科学の画像解析法を用いて検討したところ、低次元決定論的なカオス性のある事が判り、得られたフラクタル次元は、Ｄ＝1.9～2.3であった。本稿では、円内模様（表情）の形成をカオスの解析の立場から検討することにした。

（２）オーブの撮影方法

準備として、潜在脳（無意識）並びにチャクラの活性化を行う。瞑想法や呼吸法などを用いて脳波（ＥＥＧ）をα波とθ波の境目「7～8［Hz］」にして、両者の入替が出来る様に練習・努力する。予備実験によると、オーブを撮影する事ができる人は入替が出き、オーブを写せない人は出来ないからである。つぎに、デジタルカメラのシャッターを半押しにして、カメラから近赤外線を放射して液晶画面を機能させ、その上にオーブを呼び込む。この理由として、オーブは近赤外線域に潜在していて非可視なので、可視化してから出現を御願いする為である。

撮影は、カメラの撮影モードをＰに合わせ（シャッターと絞りが自動）、空気成分が電離していると思われる薄暗い空間の、オーブが居ると思われる方向に向けて、フラッシュ撮影する。

（3）カオス解析法の内容

運動が多くの変数によって構成されている場合には、方程式を解析的に解くことは出来ない。しかし、コンピュータを用いたカオス解析法を用いれば、数値的に解くことが出来る。数値的に描いた軌道をアトラクターと言う。

自然現象や生命には様々な「ゆらぎ」があり、「ゆらぎ」は「ゆとり」でもある。「ゆらぎ」の中で重要な位置を占めているのにカオスがある。カオスは混沌ともいい、複雑で不規則であり、非可逆性を持つ非周期運動なので、結果を長期に予測する事はできない。つまり再現性は期待できない。

しかし再現性や因果律を破るカオスは自然界のマクロ物質や生体系で見られる普遍的な運動形態でもある。カオスになる場合には、運動の初期で極僅かな相違であったとしても、ついには、無視出来ない程の大きな差異を生じる事になる。そして、この現象は偶然に支配されている。つまりカオスは初期条件に敏感に依存する運動であるといえる。

（4）フラクタル数

東洋の伝統医学によれば、人体は粗大身（肉体など）と微細身（非科学、生命エネルギー）から構成されており、前者は可視（科学的）であるが後者は非可視（極微細、素粒子よりも小粒）である。この雲状微細身は陰と陽の気（サイ、プラナ）エネルギーから構成されており、２本の陰、陽の気道（ナーダイ）内を流れて、チャクラ（生命エネルギーセンター）を介して、身体を内包する「オーラ」内に放出される。この「オーラ」内では、陰と陽の「気（サイ）」スピンは互いに引き合って巴型状のスピン対になる（雲状、陰陽ＰＳＩ－ｓｐｉｎ対形成）。

この雲状、陰陽ＰＳＩ－ｓｐｉｎ対には、指紋やＤＮＡと同様に個性はあるが、人々の生死、年令、男女、種族などの区別がなく、しかもオーブの背景空間にも、それらは存在している筈である。筆者らは、このスピン対がオーブに加算された場合をスピリット・オーブ（たまゆら）と呼んでいる。

撮影された一枚のオーブ群写真の中で、同一模様（表情）が現れるのは、撮影者の意念が形成する雲状陰陽ＰＳＩ－ｓｐｉｎ対と、体外にある雲状陰陽ＰＳＩ－ｓｐｉｎ対が共振（同調）したためであろう。つまりマクロＰＫが現れ、オーブが写った為である、と考えられる。

なお、オーブの円内模様（表情）を、複雑性科学の画像解析法を用いて検討したところ、低次元決定論的なカオス性のある事が判り、得られたフラクタル数は、Ｄ＝1.9～2.3であった。これは、オーブに現れるカオスを駆動するための変数を意味している。つまりＤ個のチャクラから、カオス・アトラクターを駆動するパワーが出ている、と判断できる。

（5）意識とオーブの関係

呼びかけに応じて答えてくれる、意識をもっている、霊的な存在である等、オーブの形成・出現には人格要因が関係すると言われている。然しそれらの仕組みや機構については、科学的に説明する事は無かった様に思う。

①意識と体外にある物質とが直接に情報を交換する現象をマクロＰＫ（念力）といい、両者間を仲介する物質をサイ（気）と言う。

②サイ（気）現象は、基盤になる現象の変曲点（ゼロ場中のゼロ点）で、エネルギー一定条件で生起する。

③この時の意識は変性意識状態（ＡＳＣ）であり、醒めた意識はむしろ否定的（現象阻止）に作用する傾向がある。一方、

④オーブと意識の間には、情報交換があるのでオーブもマクロＰＫである。しかし、今までは未検討であった。

経験によると、写り込んでくるスピリット・オーブは円の直径、模様（表情）、色合、ヘイロー（Ｈａｌｏ）などは様々（ランダム）であるが、撮影者の意念（意識を集中して念ずる）によって決まっており、一枚の写真にはほぼ同一の模様（表情）が写されてくると判断している。

（6）オーブ形成とカオス解析

（6-1）オーブの形成

地球は電磁気的には巨大な球形・地球コンデンサー（約30万[V]）として存在している。地球表面上の大気の大部分は水蒸気と二酸化炭素であるが、大気電界等のために水蒸気は電離していて、H^+（陽イオン）、OH^-（陰イオン）、電子e^-（－）になっている。

この大気イオン群の中にエアゾール（埃、微細塵）を入れると、大気電界やイオン間の相互作用などにより、大気陽イオン・ボールと大気陰イオン・ボールの組合せができる。この一対は、右方向回転または左方向回転の巴型状組合せである。一般には裏表、前後、左右、など様々な組み合わせの下で、全体として中和している集団（群）となる、と推定している。

空気成分の電離とエアゾール（埃、微細塵）によって形成された巴型の大気陰・陽イオン・ボール（オーブ）が絞り込まれて、その上に、ゼロ場（ゼロ点）が形成され、そこにサイ（気）が加算してスピリット・オーブができる。

なお、サイ（気）は、プラナ、雲状微細身素粒子等から構成されている。つまり、スピリット・オーブは意識要素としてのサイ（気）がオーブに加算されたものである。他方オーブ（たまゆら）の出現（撮影）結果には多くの素粒子類似の性質が現れている。

例えば、空間に広く拡散していて、グループ（団体）としてランダムに現れる。６秒毎の撮影の時でも、毎回その円内模様、大小、模様などは様々に変化している。これは、オーブ全体としての結合が弱く、その為にそれぞれの結合・構成要素の性質が現れる為ではないだろうか、と思う。

変性意識状態（ＡＳＣ）に近い状態の撮影者の皮膚（チャクラ）から放出されるサイ（気）とカオス・アトラクターを伴って成長したオーブ上の「サイ、気」が同調して、写真に写ることになるのだろう。つまり大気陰・陽イオン・ボール形成（オーブ）は物理現象であり、これに意識要素としてのサイ（気）が加算されてスピリット・オーブになり、撮影者と体外にあるスピリット・オーブとの共振・共鳴によっミクロＰＫが生起する、と判断・仮定している。

（６‐２）オーブ（たまゆら）の模様

スピリット・オーブは、外部からの光エネルギー等の助けによって次第に進行してカオス・アトラクターを画き、オーブ（たまゆら）の円形内模様を形成する事になる。カオス・アトラクターの内容（模様）を決めるものは、意識とオーブ内のサイ（気）との同調、つまりマクロＰＫであろう、と推定している。カオス理論に基づき、撮影されたオーブ（たまゆら）画像のフラクタル解析を行った結果、スピリット・オーブの内部模様（表情）

の類別ができることをわかった。例えば

（Ａ）シングルピークの模様

（Ｂ）ダブルピークの模様

（Ｃ）マルチピークの模様

といった分類ができる（サイ科学Ｖｏｌ．３６、Ｎｏ．１、ｐｐ．２-８．参照）。

以上より、スピリット・オーブの内部模様（表情）が、撮影者の体内を流れる気（サイ）、ならびに、円内模様を形成するカオス・アトラクターと密接な関係のある事が判った。

14　意念とスピリット・オーブの共振（同調）

（1）はしがき

体外にある物質と意識が直接に情報交換する現象をマクロＰＫという。ところで、実験・研究者の多くの人達は、スピリット・オーブは意識体または霊体の投影ではないだろうかと推定している。これらを究明する為の初歩的な実験をしたところ、意念とオーブの間には共振の現象のあることが判った（サイ科学、２０１５年、Ｖｏｌ．３７、Ｎｏ．１、ｐｐ．２－８）。本稿では、さらに検討を加えてこの種の問題をより深く考察することにした。

（2）実験結果と検討

使用したカメラはカシオＥＸ－ＺＲ７００とカシオＥＸ－ＺＳ１８０の２種類である。前報と同様、撮影モードをＰに合わせ（シャッターと絞りが自動）、空気成分が電離していると思われる薄暗い空間の、オーブが居ると思われる方向に向けて、フラッシュ撮影する。

（2・1）撮影者（人）の相違

２０１７年11月21日（火）、14～15時、秋吉台の鍾乳洞の内側（薄暗い）から出口（明るい）に向けて洞内にいる非可視のオーブを撮影した一例を写真１（Ａ）、写真２（Ｂ）に示した（P.268）。両者の場所、カメラ、撮影時間、撮影方向は同一である。

写真1（A）（P.268）は撮影者（A）によるもので、数個以上のオーブが写されており、この円形内のオーブの模様（表情）は同一である。

撮影者の経験によると、写り込んでくるオーブ（たまゆら）像は円の直径、模様（表情）、色合、ヘイロー（Ｈａｌｏ）などは様々（ランダム）であるが、撮影者によって決まっており、一枚の写真にはほぼ同一の模様（表情）が写されてくる。

他方、写真2（B）（P.268）には2~3個のオーブが映されている。この時のオーブ内部の模様（表情）はほぼ同一である。しかし、模様（表情）は（A）と（B）で異なっている。（A）の場合は、丸い凸凹を持つ古い銅鏡状であり、（B）の場合は円形状非対称干渉縞模様である。つまり、撮影者が（A）と（B）では、同一のカメラで別々の模様（表情）が写されている。

またこれと同一の現象が、撮影者などが同一の２０１４年6月15日、上海、静安寺、大雄寶殿内の仏像撮影の場合に現われている。

以上の理由としては、撮影者が異なれば、意念（変性意識状態で念ずる）も異なる筈であり、その為に異なる模様（表情）が写ったと考える事が出来る。

（２・２）意識の相違（同一人）

注目すべき事として、同一人によって写されたぼ（１枚の）撮影画面に映されているオーブは、ほぼ同一の模様（表情）を持っている事にある。この現象は上述の写真１、２以外にも多くの撮影例がある。例えば写真３、４（省略）である。福島の実験室の外側を同一のカメラ、撮影者、場所で撮影している。両者を比較すると、

「それぞれの模様（表情）はほぼ類似しているが、詳細にみると、僅かに異なっている」

という結果を得た。考察として、撮影者の意念は、時間や空間に無関係に何時も変動しているので、写されてくるオーブは、別の模様（表情）になる。つまり、撮影時の撮影者の意念に共振したオーブが写った、と考えられる。

（２・３）共振しないオーブ

一例として写真５、６（省略）をみる。共通した模様（表情）を持つオーブ群の中に、共通の模様（表情）を持たない、小数の（共振しない）オーブがある。強い自己発光性の乳白色のオーブと薄くて目立たない薄灰色のオーブがある。

（３）検討と考察

（３・１）ＰＳＩ－ｓｐｉｎ対群の形成

オーブ形成の初期の段階におけるオーブ動画の画像処理結果をみる。観察対称の大粒のオーブ

の背景空間には、多数のノイズ状の小粒のオーブ（陰と陽の巴型イオン対と雲状電子群から構成）群の散在が認められている。

東洋の伝統医学によれば、人体は粗大身（肉体など）と微細身（非科学、生命エネルギー）から構成されており、前者は可視（科学的）であるが後者は非可視（極微細、素粒子よりも小粒）である。

この微細身は陰と陽の気（サイ、プラナ）エネルギーから構成されており、２本の陰、陽の気道（ナーダイ）内を流れて、チャクラ（生命エネルギーセンター）を介して、身体を内包する「オーラ」内に放出される。この「オーラ」内では、陰と陽の「気（サイ）」スピンは互いに引き合って巴型状のスピン対になる（雲状ＰＳＩ‐ｓｐｉｎ対形成）。

この雲状ＰＳＩ‐ｓｐｉｎ対には、指紋と同様に個性はあるが、人々の生死、年令、男女、種族などの区別がなく、しかもオーブの背景空間にも、それらは存在している筈である。筆者らは、このスピン対がオーブに加算された場合をスピリット・オーブ（たまゆら）と呼んでいる。

撮影された一枚のオーブ群写真の中で、同一模様（表情）が現れるのは、撮影者の意念が形成する陰陽ＰＳＩ‐ｓｐｉｎ対と、体外にある陰陽ＰＳＩ‐ｓｐｉｎ対が共振（同調）したためであろう。

つまり撮影時の撮影者の意識と体外にあるスピリット・オーブとが共振（同調）して、マクロPKが現れ、オーブが写った為である、と考えられる。

（3・2）次元上昇と守護霊（ガイド）

オーブ撮影に成功する為には、繰返して練習する必要がある。一般の場合、初心者は毎晩、約30分してやっと一回写る程度であるが、50回程撮影程度、1～2月ほども続けると、写るようになる。暫くすると、3回に1回位は写るようになり、ついには毎回写る様になる。

これは、最初は、撮影者の周りには、その人の雲状陰陽PSI-spin対群は殆ど居ない（無い）ので、写らない。しかし、その人の意念の働きにより、次第に撮影者の周りに集まってきて、ついには、何時でも写る（居る）様になる。

最初のころは、

「御願いです、写って下さい」

と繰り返すが、何時の間にか、撮影者自身の、固有の雲状陰陽PSI-spin対群が集まってきて、助言を与えてくれる（テレパシー、ヒラメキによる）。つまり個性のある**雲状陰陽PSI-spin対群が守護霊（ガイド）の役目を果たす**ようになる。つまり、スピリット・オーブは「願い事を叶える」を与えてくれる様になる。

筆者自身の経験を元にして推定すると、次元上昇という言葉を使えば、非常に困った時に、「願い事」は、夢に出てきて、スピリット・オーブを介して指導してくれるようになる。これは、誠に幸いである。

さらに陰陽イオン群ならびに雲状、陰・陽ＰＳＩ－ｓｐｉｎ対群の組み合わせと割合、エアゾール（宇宙塵芥類）の混入、などの諸条件の変化を介して、オーブの表情（内容）が変わる可能性がある。同時に、撮影者の意念の内容も状況に応じて様々に変わる。スピリット自体も、それらに応じて変化するのであろう。

15　オーブ（たまゆら）構成要素

（1）はじめに

オーブ（Ｏｒｂ）英語使用圏では光球、光球体、軌道を意味し、日本ではかすかな、霊、「たまゆら（玉響）」を意味している。最近のデジタルカメラの登場によって頻繁に写真画面上にオーブが写りこんできた。

しかし偽オーブもかなり多く、懐疑派や否定派はカメラ内のハレーション、レンズの汚れ、レンズ付近の微粒子のボケ写真、水滴の写り込み等であると主張している。

しかし、筆者らが撮影・実験してみると、撮影者の意識とオーブとが直接情報交換している（接触している）と推定出来ることからオーブは物質面と意識面に関係して出現してくると判断している。

別稿では、指尖脈波のカオス解析（体内の気）から判断した意識（無意識）とオーブとの接触の可能性、オーブの内部模様のフラクタル（カオス）解析、出現・撮影の為の条件設定、オーブの形成過程モデル（仮定）等について検討した。

本稿では人が存在し、関係したと考えられる場合の意識状態（ＡＳＣ）と円内の非対称干渉縞模様（表情）、撮影者のスロー脳波の出現状況とオーブ出現（撮影）の可否、円内模様とカオスの進行程度等を、複雑系科学のカオス解析応用の立場から初歩的な検討を試みる事にした。

（2）カオス解析とは（解説）

周知のニュートン力学では、方程式の変数が2つ以上ある場合には解析的に（数学的に）解く事は難しく、得られる結果は変数が単一の場合に限定されている。

しかし、単一の場合でも、物体の力学的な挙動は時間とともに変化する場合が多い。対象とする運動が多変数によって構成されている場合には、方程式を解析的に解くことは出来ないが、コンピュータを用いたカオス解析（数値的）によって、「時間ずらしによるアトラクターの再構成法」を用いることによって、数値的に解くことが出来る。

つまり、観測された一次元の時系列変化から時間遅れ座標への変換（Ｔａｋｅｎｓの埋め込み定理）を用いる事により解くことが出来る。この数値的に描いた軌道をアトラクターと言う。

別の観点からみると、自然現象や生命には様々な「ゆらぎ」があり、「ゆらぎ」は「ゆとり」でもある。「ゆらぎ」の中で重要な位置を占めているのにカオスがある。カオスは混沌ともいい、複雑で不規則であり、非可逆性を持つ非周期運動なので、結果を長期予測する事は出来ない。つまり再現性は期待できない。しかし再現性や因果律を破るカオスは自然界のマクロ物質や生体系で見られる普遍的な運動形態でもある。

カオスになる場合には、運動の初期で極僅かな相違であったとしても、ついには、無視出来ない程の大きな差異を生じる事になる。そして、この現象は偶然に支配されている。つまりカオスは初期条件に敏感に依存する運動であるといえる。

(3) 意識、オーブ、カオスの関係

呼びかけに応じて答えてくれる、意識をもっている、霊的な存在である等、オーブの形成・出現には人格要因が関係すると言われている。然しそれらの仕組みや機構については、いままでは、科学的に説明する事は無かった様に思う。

①意識と体外にある物質とが直接に情報を交換する現象をマクロＰＫ（念力）といい、両者間を仲介する物質をサイ（気）と言う。

②サイ（気）現象は、基盤になる現象の変曲点（ゼロ場中のゼロ点）で、エネルギー一定条件で生起する。

③この時の意識は変性意識状態（ＡＳＣ）であり、醒めた意識はむしろ否定的（現象阻止）に作用する傾向がある。一方、

④オーブと意識の間には、情報交換があるのでオーブもマクロＰＫである。しかし、今までは未検討であった。

（３・１）意識とオーブ（たまゆら）

経験によると、写り込んでくるオーブ（たまゆら）像は円の直径、模様（表情）、色合、ヘイロー（Ｈａｌｏ）などは様々（ランダム）であるが、撮影者によって決まっており、一枚の写真にはほぼ同一の模様（表情）が写されてくると判断している。

（３・２）内部模様の形成

地球を取り巻く大気層は、宇宙線の照射のために電離していて、上層部は陽（＋）、地表部は陰（－）に帯電している。この為に地球は電磁気的には巨大な球形・地球コンデンサー（約30万［Ｖ］）として存在している。

球表面上の大気の大部分は水蒸気と二酸化炭素であるが、大気電界等のために水蒸気は電離していて、Ｈ（陽イオン）、ＯＨ（陰イオン）、電子（－）になっている。なお水蒸気がないと、オーブ（たまゆら）は極めて出現しにくくなる。

大気イオン群の中にエアゾール（埃、微細塵）を入れると、大気電界やイオン間の相互作用などにより、大気陽イオン・ボールと大気陰イオン・ボールの組合せができる。この一対は、たとえば、右方向回転または左方向回転の巴型状組合せである。一般には裏表、前後、左右、など様々な組み合わせの下で、全体として中和している集団（群）となる、と推定している。

なお、以上の説明には電子を用いたが、実際には、雲状光子群の組合せとして存在するのであろう。空気成分の電離とエアゾール（埃、微細塵）によって形成された巴型の大気陰・陽イオンボール（オーブ）が絞り込まれて、その上に、ゼロ場（ゼロ点）が形成され、そこにサイ（気）が加算してオーブ（たまゆら）ができる。

なお、サイ（気）は、オーラ、プラナ、微細身素粒子等から構成されており、周波数（波長）の異なる雲状光子群の集合体である。つまり、オーブ（たまゆら）は意識要素としてのサイ（気）がオーブに加算されたものである。

他方オーブ（たまゆら）の出現（撮影）結果には多くの素粒子の性質が現れている。例えば、空間に広く拡散してグループ（団体）として、ランダムに現れる。6秒毎の撮影時でも、毎回その円内模様、大小、模様などは様々に変化している。これは、全体としての結合が弱く、その為にそれぞれの結合要素の素粒子の性質が現れる為ではないだろうか、と思う。

つまり、変性意識状態（ＡＳＣ）に近い状態の撮影者の皮膚から放出されるサイ（気）とカオス・アトラクターを伴って成長したオーブ上の「たまゆら」が同調して、写真に写ることになるのだろう。大気陰・陽イオン・ボール形成（オーブ）は物理現象であり、これに意識要素としてのサイ（気）が加算されてオーブ（たまゆら）になり、撮影者と体外にあるオーブ（たまゆら）との共振・共鳴によってマクロＰＫが生起する、と判断・仮定している。

（３・３）オーブ（たまゆら）の模様

オーブ（たまゆら）は、外部からの光エネルギーの助けによって次第に進行してカオス・アトラクターを描き、オーブ（たまゆら）の円形内模様を形成する事になる。カオス・アトラクターの内容（模様）を決めるものは、意識とオーブ（たまゆら）との同調、つまりマクロＰＫであろう、と推定している。カオス理論に基づき、撮影されたオーブ（たまゆら）画像のフラクタル解析を行った結果、「たまゆら」内部模様の類別ができることをわかった。つまり、

（Ａ）シングルピークの模様
（Ｂ）ダブルピークの模様
（Ｃ）マルチピークの模様

といった分類ができる（詳細は、サイ科学Ｖｏｌ．３６、Ｎｏ．１、ｐｐ．２‐８．参照）。

（３・４）意識の関与する程度とカオス

長野県伊那市の分杭峠の実験から得られた一例を述べる。はじめに、瞑想中の撮影者のスロー

脳波の出現（リラックスの程度、脳波解析）と、オーブ出現の可否の関係をもとめて図１（P.269）とした。次記に示した様に、オーブ（たまゆら）を撮影した後、すぐに駒ヶ根市大食神社の本殿前の石の階段に腰を掛けて、瞑想を行い、脳波測定を実施した。

図１（P.269）の縦軸は脳波のフラクタル次元（脳波のカオスを駆動する変数）。横軸は、左から右へＳＺとＳＫ（オーブ撮影成功者）、つぎのＹＭとＮＫはオーブが撮影できなかった者である。

図をみると、オーブ（たまゆら）の撮影が可能であった者（ＳＺ、ＳＥ）は、撮影出来なかった者（ＹＭ、ＫＭ）よりもＤ２が小さい事。つまり、撮影が可能であった者は雑音（駆動因子の数）が少なく、集中しておりリラックスできていた、と推定できる。

オーブ（Ｏｒｂ）撮影者の脳波のカオス解析と「オーブ」の出現状況を調べた実験から次記がえられた。

①脳波のα波成分（８〜12［Hz］）は、参加した全員（５名）に出ている。

②「オーブ」を写せる（出現させ得る）人（ＳＺ、ＳＫ）の場合には、θ波成分（3.7［Hz］）と、より低周波のδ波成分（1.7［Hz］）が出ている。

③「オーブ」を写せる人は、写せない人（ＹＭ、ＮＫ）の場合よりも、カオス解析のフラクタル次元Ｄ２が、より小さくなる傾向がある。

④瞑想により、ＡＳＣ（変性意識状態）に入れる人は、Ｄ２をより小さくする事が出来る。

⑤「オーブ」出現と、写す人のＡＳＣの間には、相関性があると判断できる。

⑥「オーブ」の出現の可否の判断には、脳波のカオス解析が有望である。

（３-５）円内模様形成とカオス

つぎに撮影場所とオーブ（たまゆら）のフラクタル次元（オーブのカオスを駆動する為の変数）との関係を調べて図２（P.269）を得た。

本稿では、物質面に関連して、オーブの出現場所（神社、樹木、露頭・断層）と、オーブのマンダラ状の内部模様の関係、つまり、オーブ模様をカオス解析した結果と出現場所（個所）の関係について、空間フラクタル解析（カオス解析）を用いて検討した。

平面的な濃度空間（マクロ・フラクタル次元Ｄ２ｍ）について解析したところ、次の結果が得られた。

神社（大御食）のマクロ・フラクタル次元Ｄ２

は大、樹木（分杭、大御食）のフラクタル次元Ｄ２は中、断層（北川、渓谷）のフラクタル次元Ｄ２は小である。つまり、図２（P.269）の横軸の左側に行くほど人々の関係（祈り、神社）は深い。右側は分杭峠の断層上なので、パワーが強い筈であるが、測定値のＤ２は小である。特徴的なのは、分杭峠の気場（気場の真上、点状）のＤ２は大と成っている。これらの理由は、マクロ・フラクタル次元Ｄ２は人々の関与する（祈りの）程度を示しているのかもしれない。

空間的（立体的）な濃度空間（局所フラクタル次元Ｄ２１）について、神社の局所フラクタル次元は、ピーク値（山）が２つある。樹木（分杭、大御食）の局所Ｄ２１には、ピーク値（山）が１～２つある。断層（北側、露頭）の局所Ｄ２１には、ピーク値（山）が無い（詳細は、サイ科学、Ｖｏｌ．３６、Ｎｏ．１、ｐｐ．２-８参照）。

フラクタル次元は、自然形状や自然現象など複雑性の変化の評価法として、有効性が認められているので、本報のオーブの内在構造のパターン変化を掲示する場合に用いることも、期待できる。

以上から、オーブ（たまゆら）を構成する要素が次第に判明してきたのが嬉しい。これらの知識が、皆様のお役に立つ事を祈念したい。

16　サイ（気）の啓蒙を進めるオーブ（たまゆら）

（1）はしがき

自然然科学は19世紀の錬金術師の希望や方法、妄想の技法を元にし、超心理学はシャーマンの幻想や奇跡、魔術の基盤の上に形成されてきたという。時間が経過して21世紀となり、自然科学は現代の科学万能の世界を構築する事ができた。

一方、超心理学の進歩は誠に遅々たるものがある。この原因は何かというと、現象がまれにしか起こらず、超心理学が扱う現象の中に人の心（意識）が入り込んでいるので、因果律や再現性が損なわれること、ならびに、生起する現象があまりにも奇抜すぎて、常識的に理解され難い事にあるのだろう。筆者らは、長年月にわたって、サイ（気）科学の実験研究を実施してきた。いまの段階で言える事として、

①巨視的なサイ（気）現象の結果には、**素粒子の性質**が表れており、これが奇抜さの原因である、と考えられる。

②最近になり、サイ（気）現象として、素粒子の性質を持つオーブ（巨視的図形）が多量に出現してきた。奇妙な事に、意識に反応し、誰にでも撮れる（大衆化）と言う。

③意識ならびサイ（気）を物体（物質）化して、素粒子の性質が現れ難くする、などの条件設定を行なう事により、再現性や因果律が現れやすくなってくると判断している。

（２）サイ（気）の検討結果

（２・１）従来からの批判

総合誌（ｉｍａｇｏ、３、１９９０年、マーチン・エボン、ｐｐ．８０－９８）によると、超心理学の功績は、１９世紀には霊魂の働きであると考えられていたサイを、霊魂側から人間側にとりもどすことが出来たことにあるという。しかしサイはあまりにも不安定で微弱なので、ラインは、サイには「ヒヨウタンでナマズを捕える」的な性質がある、と表現したという。つまり、あまりにも超常的で、時間・空間の枠組みを超えている、という。同書のなかで大谷宗司は、

「サイは、意識によって指向されて一時的には検出されるが、その効果は微弱で、僅かしか変化しない。総ての存在と微弱的な接触をしており、我々は、それを多量に取り出す方法を持っていない」

と述べている。

筆者らは主張したい。奇抜さの原因は、サイ（気）

現象の結果に素粒子の性質が表れた為に起きた現象・評価であり、条件設定をすれば、ある程度の再現性と因果律が保証され、また、ある程度は集積出来る（半導体と同様に）、と考えている（後述）。

（２・２）サイ（気）の存在実験

一例として、福来友吉（１９３０年代）博士の念写の場合をみる。念写とは、

「念じた画像を、意念によってフィルム上に写し出す」

というもので、マクロＰＫ（念力）の一種であり、能力者を対象に実施された。これは 常識では考え難い出来事であったので、発見当初から話題にのぼり、様々の批評や真偽論争が続いた。福来博士の実験・研究資料は、約２００枚の念写真乾板として（財）福来心理学研究所に保管されて、白川勇記（東北大）らによって「念写実験の吟味」（１９６１年）として公表されている。結果として、

①念写は、「念ずる」ことによって起きる。つまり能力者の心理条件が因子になっているので、いつも成功するとは限らない。

②念写像は、ネガ像として現れる事もあり、またポジ像として現れる事もある。

③能力者から遠くに離して置いた場合でも、念

写は可能である。

④実在の物体や図形と類似しているが、僅かに異なった形の像が念写される場合がある。福来博士は、

⑤念写の際の念（意識）は、乾板を感光する作用をもち、形や像を形成するという要求を持ったエネルギーである。

⑥念の作用は、空間の制限を超越する事が出来るので、念は能力者の肉体を離れて活動することが出来る。さらに

⑦念の諸性質を研究することにより、霊の本体が次第に明らかになるであろう。

と述べている（サイジャーナル、PSIJ、2008年4月号、参照）。

上の①は、サイ（気）現象に意識が関係している。②、③は素粒子の性質が顕われたと考えれば、不思議では無く、至極当然のことである。④は変性意識状態（ASC）が関与している。⑤、⑥、⑦は、仲介する物質として素粒子状のサイ・エネルギー（情報）がある、と判断する事により、都合良く説明ができる。

（３）「オーブ」の実験・検討結果

一例として、オーブ（たまゆら）の実測・検討結果をみる（「『オーブ』は『パワー・スポット』にいる」、岩波ブックセンタ刊、参照）。

①オーブの特徴は、誰にでも撮れる（大衆化、多量化）にある。撮影の記憶媒体がフィルムから半導体（ＣＣＤ）に移行するに伴って、乳白色小円形状のオーブがノイズとして撮影画面上に写り込んできた。その位置や種類、大きさ等はランダムであり、また非局所的に広く、拡散して写る（素粒子類似の性質）。

②空気成分が電離した湿度が高い状態の薄暗い空間に向けて、近赤外線領域の撮影が可能なデジタルカメラを用いてフラッシュ撮影すると、写り易い。

③空気中の近赤外線量（気の活性化エネルギー、約1.3［eV］と同じ）が或値に達した時に写りやすい。

④写されたオーブ（たまゆら）は、核を持ち、小円形状で、輪郭は鮮明であり、円の周辺には放射線状のヘイロー（Ｈａｌｏ）を伴っている。また内部には非対称の干渉縞状模様やマンダラ状模様を伴っている。

⑤小雨の降り始めに写り易い。つまり水との親和

性が高い。これは大気陰、陽イオン・ボール（プラズマ・ボール）の形成に関係する為である。

⑥オーブには大オーブと小オーブがあり、子オーブは大気陽イオンと大気陰イオンの組合せから形成されており巴型の回転を伴う、核（エアゾール等）を内蔵している。これに「変性意識要素」が加算されたものを「たまゆら」と呼んでいる。

⑦「変性意識要素」としては素粒子群（ＰＳＩ－ｐａｉｒ群：陰、陽電子、オーラ）を仮定している。さらに、

⑧社寺、仏閣等の聖地やパワースポット等。お祭りの行事など。人々の歓心が関与した特定の場所や行事の際に、写り易い。

⑨何時も写るとは限らない。一般には、再現性に乏しい（意識の状態に関係する為）。

⑩雑念を取り去り、無心で、熱心に撮影すると、写り易い。つまり変性意識状態（ＡＳＣ）に近づく事が必要である。この反面、意識的努力はむしろ、出現抑制に働く傾向がある。

⑪呼吸法などを用いて、意識の自由度を極力狭めると（物体化する）写り易い。

⑫意識に反応し、応答する、等の情報交換が可能である（マクロＰＫ）。

⑬瞑想法などの訓練を経て、脳波（ＥＥＧ）をデルタ波などの低周波数域にまで下げる事が出来る人の場合に写り易くなる傾向がある（自由度を下げて物体化する）。

⑭撮影者のＡＳＣ（変性意識状態）と「たまゆら」は同調している、と判断できる。

上の①から、オーブが素粒子の性質を持つ事がわかる。②、③は撮影条件、④～⑥はオーブの性質、⑦は「たまゆら」の性質、⑨～⑫はオーブの性質、⑬、⑭は写り易さを示している。

（４）検討並びに考察

我々は縦、横、高さ（空間）に時間を加えた４次元の時空間で生活しており、視覚や聴覚などの五感で認識できる巨視的な物質（物体）世界のみが認知の対称としている。

物質（物体）の基礎には分子や原子、素粒子等から構成される微視的な世界がある。素粒子は非局所的であり、空間に広く拡散して、形態が決まらない（未形成）、不安定な、分割要素の重ね合わせの状態で存在している。あいまいな状態で、不確定性、相補性、観測問題、絡み合い、遠隔作用、等の性質を持っている。

これらは、居住空間に住む人間からは想像することも出来ない様な不思議な世界である。しかし巨視的な物体には、これらの性質はない（デコヒーレンス、量子状態の破壊）。

他方、検討したところ、不思議なことに、巨視物体（物質）に生起させたサイ（気）の実験結果にはこの性質（素粒子の性質）が表れている。

最近になると、科学の進歩の結果として、デジタルカメラが発明されて、オーブ（たまゆら）が登場してきた。条件さえ選べば、誰にでも撮れる。しかも安価に、手軽に撮れる。精神の世界の大衆化が開始されたのであろう。

オーブは巨視的図形でありながら、素粒子の性格を色濃く所有している。さらに意識に反応し、生命の成長を助ける（サイの性質、別報参照）性質を持っている。つまり、これは、サイ（気）そのものである、と言える。こんな不思議な性質を持つ物質（たまゆら）は、今までに見た事も、聞いたこともない。これは、換言すると、サイ（気）現象の定義（評価）の新認識である、と言えるかも知れない。

他方、我々が居住する物質の世界では、素粒子を制御して、実用化を果たしたものに半導体がある。半導体は電気通信情報産業界の米と言われる程に重要な物質（製品）である。

一方、サイ（気）は、素粒子でありながら、物質の半導体とは異なり、意識と生命を持った存在である。サイ（気）の制御と性質は、現在のところ、詳しくは判らない。多くの困難は推定出来るが、条件設定を実施し、環境条件を整備することによって**サイ（気）を制御**して（半導体と同様に）、**再現性と因果律を確定化**して、**実用化**を進めて、人々の生活に役立てたいと念願している。また、これは、**心**（意識、無意識）の科学的な究明であるとも言える。

開発の手始めは、既に、開始されているといえる。問題は、いかにして再現性と因果律を高めるかにあると言えよう。オーブは手軽に、しかも大量に得られるので、実用化がきわめて有望である。

17　オーブの動的変化から念写像を造る

（1）　はしがき

空間に形成・撮影されるオーブには、意念（ASC）に反応する（同調、共振する）ものと反応しないものがある。反応するオーブはどんな特徴・性質を持ち、また（空間に）何を創造（形成）することが出来るのか等について検討する。

前稿では、撮影者の意念（ASC）とオーブ像とが同調（共振）して、三日月型の念写像が形成される状況について述べた。本稿では、念写が形成される為の条件、形成の過程とノイズ状小球オーブの関係等について検討する。

（2）　念写像の形成過程

オーブ動画の観測・測定方法ならびに解析方法等については前稿に記述してある（サイ科学、2018年）。撮影者は佐藤禎花師（特異効能者）、使用したカメラはカシオEXZ-400。場所と日時、天候、気温等はそれぞれの写真集に記述してある。前報で検討したところ、オーブ周辺、並びに背景空間にあるノイズ状小球オーブが念写像形成に重要な役割を果している事が推定された。本稿ではこの点を含めて検討する。

なお、解析の対象となるオーブは、Windo

ｗｓ用フリーソフト（ＡｖｉＵｔｌ）に連番ＢＭＰ出力機能を付加して、動画ファイルを全フレーム毎に切り取って静止画像として表示してある。

（２・１）小球オーブの明瞭化

前稿によると、意念との同調（共振）によって出現した三日月型念写像の形成には、ノイズ状小球オーブ像の存在は不可欠であった。そこで、小球オーブ像がどんなものか、またこれ以外に念写に関与する条件はあるのか、無いのか、等を調べる。

はじめに画像処理を応用して、背景空間にあるノイズ状小球オーブ並びに念写像を、解析可能な状態にする為の検討をする。

写真集１（P.270）は、パソコンで画像に修正を加えて「シャープネス」、「温度」、「鮮やかさ」、「明るさ」を様々に換えた場合のもの。

写真集２は（P.270）、同様に「明るさ（明度）」を５種類に換えて表示した場合を示している。たとえば、Ｗｏｒｄの「図の書式設定」で明るさを変えると、カラフルな画像がえられるので、どのパターンが目的に叶うかを、はじめに、検討する。

これらをもちいた理由は、いかにしてノイズ状小球オーブを明白・鮮明に写し出す事が出来るか、を求めることにある。また白黒を反転させて、より観察し易くした画像を用いる場合もある。つまり、これらの観測と画像処理を試行錯誤して、結果として、本文記載の写真集は表示されている。

なお、写真集1及び写真集2は、前稿の念写像形成のほぼ最盛期（撮影を開始してから約13秒後）に、静止画像をトリミングした後に上記の画像処理を施した場合のものである。

検討結果によると、スピリット・オーブ（SO）は意念に反応して念写像などを造る（前報）が、或種のオーブは反応しないで、形成されない事が判った。意識に反応する場合の代表が、前稿ならびに本稿の三日月型の念写像の場合である。これについて、報告する。

（2・2）意念に共振（同調）するオーブ

これは、念写像が形成される場合の一例である。

表1（P.270）のNo．2をみる。2017年10月27日、晴れ、平均気温16℃、19時50分に金沢市にて撮影した。三日月の周辺がもやいでいる（不鮮明）ので、明度とコントラストを調整して浮き上がらせてから動画を機能させ、1秒毎の静止像を求め、Wordにはり付けて写真集3とした。

このとき、撮影を開始してから約30秒後に念写像がほぼ完成した。その後、時間の経過につれて、念写像がどのように変化したかを1秒毎に「写真で示し」記録したものである。変化挙動としての念写像は、周辺を取り巻くノイズ状の小球オーブを吸収しながら、次第に姿形を変化させ、増大する様子が見てとれる。

前稿に続いて、本稿でも、オーブ動画による念写像変化の状況を述べた。つぎに、これらがどのような内容を持つかについて検討する。

（3）画像処理による解析

表１（P.270）、Ｎｏ．２の２０１７年10月27日に撮影された動画（写真集３と同じ）から切り取られた三日月型オーブ（念写像）の静止画像を、スマートフォン（ｉＰｈｏｎｅ）の画像処理アプリ「Ｃｏｌｏｒ　Ｓｐａｔｉｏｐｌｏｔｔｅｒ」によって解析した結果の代表例を写真集４に示す。これは念写像の色分析であり、切り取った静止画像をＲ、Ｇ、Ｂの三原色に分割して表示し、１コマ毎の画素のＲ、Ｇ、Ｂを座標軸と見なして、３次元空間に、その色の分布状態を視覚的に分析するものである。

結果を写真集４でみると、上部は白色、下部に僅かに黒色で表示されている。周知の様に、光色を加算・合体させると白色になり、インキ（絵具）の色を加算すると黒色になる。従ってこの念写像の場合は、各色が混合・合体されて表示されている事がわかる。しかし、Ｒ、Ｇ、Ｂに偏りがなく、白色が大部分である。

これから推定し、判断すると、念写像の実体の大部分は光色である、と言えよう。つまり、念写像の大部分は加算・合体された光色から構成されている事になる。

以上、念写が形成される為には、スピリット・オーブ（SO）としての動オーブ（大球）の大部分は、光色から構成されており、混合（一体化した）自己発光体であること。ならびに、念写三日月像をとり巻いている（周辺にある）ノイズ状小球オーブを（吸引する）合体する必要のある事（別稿参照）が判った。

（4）意念に共振しないオーブ

意念（ＡＳＣ）と動的オーブとが同調（共振）しない場合がある。または意念を働かせて同調（共振）した場合でも、環境条件や出現オーブの内容によっては、念写像が形成されない場合がある。未検討なので詳細は不明であるが、二例について報告する。

（4・1）独立小球オーブ群の集合

表１（P.270）のＮｏ．３を見る。一例として、２０１８年２月２日、オーブ動画から静止画像を切り出して写真5とした。動画の測定時間は20時41分、金沢市、曇、平均気温２℃。結果をみるとＹ、Ｇ、Ｐ、Ｂ、Ｒ色の、それぞれが単色の、オーブ中（小）球の集合体（数個程度）が写されている。

この集合体のそれぞれの小オーブ球は、別々であり、独立していて、合体（混合）しないで、全体集団ならびに構成員する個々のオーブ球が、ブルン、ブルンとめまぐるしくスピンしながら変化している（色、形が変わる）。しかし混合して一体化する事は無い。またオーブ中（小）球の集合体、又はオーブ小球からのＨａｌｏ（後光）は認められない。

（４・２）分散するオーブ小球群

表１（P.270）のＮｏ．１をみる。２０１７年10月9日、曇り、金沢市、平均気温22℃。一例として、オーブ動画から静止画像を切り出して写真６とした。

これの測定は22時42分、暗黒の夜空に、発生当初と思われるブルー色の柔らかい感じの雲状（ノイズ状）の小オーブ球が、画面いっぱいに、広く分布・散在している。この中には、中球程度の、周辺がはっきりしない柔らかい感じの、雲状の、乳白色（Ｈａｌｏはブルー色）の芽オーブもある。これと、拡散している雲状のノイズ状の小オーブとの吸収、放出はあるが、さらなる進展（吸収、放出）はない。

つまり、中球状オーブと小球状オーブとの吸収、分離はあるが、大球オーブに進展する傾向はない。一例としての、これらの動オーブは、意念と同調「共振」しないで、又念写を形成する事は無い様子である。

（5）三日月像周りの小オーブ球群

表1（P.270）のNo．4から、ほぼ完成された三日月念写像の代表例と思える画像を選び出して写真7とした。このノイズ状小球のオーブ群は、念写三日月像の長さ方向の中心と幅方向のほぼ中心を新たな中心にして、三日月の上と下の先端を半径とする円内の範囲に、ほぼ、収まっている。つまり、この円内に分布している。また三日月像に近づくほど、密度はより大になる傾向がある。そして、ノイズ状小球は三日月像の弧部と弦部から吸収され、放出される可能性が大であった。

なお、未完成の三日月念写像の場合（初期、中期段階）のオーブ像周りの小オーブ球群の分布状態を調べたところ、三日月像の長さ方向に約3倍、幅方向に約7倍の範囲内に分布している事が分かった。これらが何を意味するかは、現在、検討中である。

（6）検討ならびに考察

（6・1）オーブ像と念写の可否

どんな環境にあるオーブが念写に適しているのか、について検討する。オーブは主として、イオンボールの集合体であり、イオンボールは陰イオン（OH^-）、陽イオン（H^+）、電子（e^-）、エアゾール等から構成されていると考えられる。

また、これらに意識要素としての陰、陽の雲状サイ（プラナ、気）スピン対を混入させたせたものをスピリット・オーブ（SO）と呼んでいる。

試行錯誤の検討を行ったが、結果として、念写が形成される為には、SOとしての動オーブ（大球）が一体化した自己発光体であり、周辺にあるノイズ状小球オーブを吸引する（合体する）必要のある事が判明した。そして、また、さらにはオーブを形成させるための膜（水膜）が必要であり、水膜形成には気温と湿度が関係していると推定している。

表1（P.270）を見る。4種類のオーブ動画の測定時の平均気温に注意を向けて戴きたい。念写が可能であったNo．2の気温は約16℃、不可能であったNo．1は22℃、No．3は4℃、No．4は22℃であった。

推定される事として、サイ（気、プラナ）は水素結合を弱める性質があり（別報、参照）。空気中の水蒸気（非可視）は、気温が下がると水に成りやすく、オーブ形成の膜（水膜）が出来やすくなる。さらに気温が下がると、分子運動は不活発になる。

気温があがると、オーブ形成の膜（水膜）が出来難い（水蒸気に成る）ので、オーブに成りにくい。これらが原因になって、本報の念写像形成の結果が得られたのではないだろうか。つまり、念写が成功する為には、**適当な湿度（水蒸気、非可**

視）と温度が必要になると思う。

オーブ像並びに念写像形成には、意念（意識して念じる）、ノイズ状小球オーブ、気温、湿度、などの環境条件が必要である事が判った。これ以外の要素・条件が有るかどうかについては、今回の実験・検討では見つけるは出来なかった。

（6-2）念写像の形姿の変化傾向

不思議な事に、形成される念写像（三日月像）の向き「方向性」は固定化されており、不変である。また別稿（サイ科学、２０１８）によると、菱形オーブ動画の向き「方向性」も不変である。この理由を考えてみる。オーブが存在する大気中には地磁気の作用がある。オーブは、基盤として、陰と陽の巴型のｓｐｉｎ対から形成されており、その回転方向に電流がながれ、直角方向にベクトルがあり、磁気が存在している。この磁気と地磁気が相互に作用しあって、オーブの方向が決まるものと判断できる。

（7）むすび

①撮影された動画を各フレームごと（23分の１秒または14分の1秒ごと）に切り取った三日月型念写像にたいして、明度やコントラスト等を調整して、ノイズ状小球オーブ等が解析可能な状態になってから検討した。

②空間に形成・撮影される動オーブには、意識（Ａ

ＳＣ）に同調（共振）するものと、同調しないものがある。**同調（共振）するものが念写可能**であった。

③三日月型念写像オーブの周りには、ノイズ状小球オーブが密集している。そして、次第に念写像内に吸収されていき、一体化する。

④画像処理アプリ（Ｃｏｌｏｒ Ｓｐａｔｉｏｐｌｏｔｔｅｒ）によって解析したところ、念写像オーブは、光色から構成された混合（一体化した）白色発光体であることが判った。

⑤環境条件との関係をしらべたところ、温度と水（水蒸気）がノイズ状小球オーブの膜形成に関係するためと推定された。

⑥三日月型念写像の向き（姿勢）は変わらない。これは構成要素が地磁気に関係する為であろう。

18　動オーブの吸収と放出

（1）はじめに

インターネットを介してオーブの情報が様々に提示されているが、真贋が混在しており、いまだに実体は不明である。

本稿では、オーブ形成の初期段階（芽オーブ）における球形芽オーブの動的な吸収と分裂の場合について、光色変化を検討した。結果として、オーブ出現の背景空間には、多数のノイズ状の小オーブ球が散在する事を確かめた。注意したいことは、撮影者の意識とオーブとは、情報交換をしている事にある。

（2）撮影・実験方法

今回のオーブの静止画像と動画像の撮影には、デジタルカメラ、カシオＥＸ－Ｚ４００を用いた。実験・撮影は２０１７年10月９日（火曜）、晴れ、夜間の２０時００分～２１時００分、金沢市で実施された。オーブの出現並びに撮影者は佐藤禎花師（特異効能力者）。

はじめにカメラをズーム（望遠）状態にする。これはレンズ付近にある水滴や埃等の偽オーブを除外するためである。次にシャッターを半押しにしてカメラから近赤外線を発射してカメラの液晶画面を機能させ、その上にオーブを呼び込んでから（可視化する）撮影する。したがって、フラシュ撮影は用いていない。

実施方法としては、変性意識状態（ASC）に近い状態で、

「オーブさん、来て下さい」

「キテ、キテ、キテ、キテ、キテ」

と、何も考えずに、一生懸命に、熱心に，しかも陽気な気持ちで呼び込む。これは、オーブが近赤外線領域に潜んでいるので、非可視である為である。この願いが聞き届けられて、液晶画面上にオーブが現れてからあとは、可視光線でも見る事が出来る（可視化）ようになる。つまり、この実験は、撮影過程や実験内容から見て一種の「マクロPKである」といえよう。

（3）撮影測定結果

（3-1）切り取り静止画像

デジタルカメラで動画として撮影されたオーブは、急速回転しながら姿形を変えながら移動する（動きが速い）発芽状オーブであった。しかし、オーブの合体・分離は割合に珍しい現象である。

この動画をカメラで連写し、SDメモリに記録し、次にパソコンのムービーメーカー（MM）に移し替えた。測定・実験は、2個のオーブが吸収・合体されて1個となり、さらには、これが分離（放

出）して2個になる時の変化部分を切り取ってパソコンのWordに貼り付けて、静止画像にして、調べることにした。

得られた動画の一例を「図1、切り取り静止像（開始後7秒23）」とした（P.273）。図をみる。図の中央部に乳白色のほぼ球状の大オーブがあり、その左上に吸収される雲状の小オーブ球（ほぼ青色）が存在している。

図1などの吸収、分裂の変化部分だけを拡大した静止画像の一例を図2、3、4とした。「図2、動画1（7秒23）」は図1の拡大切り貼り像、である。続いて「図3、動画2（15秒87）」、「図4、動画3（19秒38）」とした。図2、図3は吸収の場合、図4は分裂（離）の場合の代表例である。

図2を見る（P.273）。中央に円径乳白色大オーブ、この円形周辺を、雲状オーブの薄い青色が取り巻いている。連なるその左上には、ほぼ小円径の薄い青色雲状の小オーブがある。

図3（P.274）は、同じ構図であるが、中央大オーブの乳白色がより鮮明な白（より白い）になり、左上の小オーブもの中心も少し白色が増してきた場合である。

図4（P.274）は左上の小径オーブが吸収され、中央の大球オーブもわずかに白色が消えかかり、その右方向に新しいオーブ（青色）が分離して誕生

（放出）したと思われる場合である。つまり図３は大球が小球を吸収した場合。図４は大球から小球が分離した場合を意味している。

（３‐２）切り取り像の画像処理

以上の図２、３、４などを画像処理して、オーブの背景とオーブの変化との関係を調べる。

図５（P.275）は、図２の動画１（切り取り静止画、７秒２３）の一例で、動画をそのまま白黒反転したものである。大小２個の円形オーブの周辺を黄色の雲（ハロー）が取り巻いている。大円球を見る。円外側から濃い茶色、濃い紺色、灰色、薄い青色、白色（中央）の多重多層構造になっている。これはオーブがほぼ球形である事を意味しているのであろう。右上の小オーブにもこの傾向がある。

図６（P.275）は、図５（７秒23）の反転像を画像処理して２個のオーブとその周辺部の関係を求めたもの。つまり、カメラで撮影された動画をパソコンのＭＭで再現してみると、大小２個のオーブ周りの背景画面に、多数の点状の青色雲の動きがある事に注意したい。

これは極薄い青色なので、特に注意しないと、見落としてしまう。つまりカメラの受光素子（ＣＣＤ）が受ける１番弱い色に画面全体を変換して、最高に近い状態に感度を設定して、しかもシャープネス（エッジ研出）を作用させた場合である。

この処理によって図6（P.275）が写し出されたのであろう。つまりオーブ周辺の背景には、多数の点状オーブがランダムに存在している事が分かる。

（3‐3）切り取り像の色相と明度

オーブの実体が光か、又は或種の物質かについて検討する。光の色を加算すると白になり、色インクを加算すると黒に近い色になる。

本報では、スピリット・オーブ像の記録・解析には、キャノン・カメラ、G7XMarkⅡ（ユザー・ガイド）並びにニコン・カメラ、1AM、D7500（オンライン・マニュアル）を使用し、分析と色解釈にはマンセルの表色系（色立体）を用いることにした。

「図3、動画2（撮影開始後15秒87）」（P.274）において、オーブ中央部の乳白色部を画像処理して「図7、色3（RGB、104‐0106）とした。1例として、図3のオーブ像（円）の中に〈切取り四角形〉を置き、四角形内の色波長を調べる。つまりオーブ円内の波動（振動数）分析を行なう。

図7（P.275）の左上側には切り取った四角形、その枠中にオーブの中心、図7の右側には光色のヒストグラム表示（グラフ）がある。この縦軸は受光ピクセルの数、横軸はピクセルの明るさ（輝度）である。右下図は赤（R、640～780［nm］）、緑（G、490～555［nm］）、青（B、430～490［nm］の分布状況、右上図は下図のRGBの合計（白）を示す。

一例として、「図3、動画（15秒87）」の色相を図7でみる。R、G、Bは、ほぼ同じ姿形であり、同じ明度内に存在している。各色の合計（白）も同じ明度内にある。注意したい事として、各色（R、G、B）を加算した場合に白が得られた事にある。換言すると、オーブは色光（RGB）から構成されていて、加算されて白色になる。

これらから推定される事として、スピリット・オーブ像の実体は光色であると、判断されよう。つまり、スピリット・オーブ像を構成する実体は雲状の光子群であると、考えられる。

（4）検討ならびに考察

（4-1）菱形状、芋虫状オーブ

（文献3）、4）参照）

菱形状の動オーブは2014年11月23〜25日、静岡県磐田市において。芋虫状の動オーブは2016年2月11〜13日、長野県伊那市において。佐藤禎花師によって測定された。

両方とも、撮影者の意識（ASC）と体外にあるオーブとが情報交換して「マクロPK（念力）が進行する」傾向がある。つまり、移動中に姿形、寸法、色合い（波長）等が変化している。なかでも、とくに、菱形状オーブは移動中に芋虫状、球状（丸型）などに変化する場合がある。

菱形状オーブを形成する中心のクロス（十字）の方向は、非常に変わりがたく、これはおそらく、地磁気の作用方向（南北）に関係があるだろう、と判断した。

なお芋虫状の動オーブは約7．8［Hz］の周期で様々に変化する傾向がある事も分かった。しかも両者には再現性がある（3分の1程度）。芋虫状の動オーブの色（周波数）変化を、画像分析ソフト「kwls‐csp」を用いて表示して図8（P.276）を得た。キャプチャした切り取り静止画「オーブ（R0）動画」像を4種類の光周波数（色のY_{avg}、B_{avg}、G_{avg}、R_{avg}）に分割して表示して、この時間変化を求めて図8とした。

各色光は、図を見て分かる様に、独自に別々に変化している。つまり動オーブは様々な光の集合体であり、ペンライトのような単一の光源ではない。つまりそれぞれは独立しており、別々に変化する。しかし全体としては、総合的には、うねりのように同一の変化傾向を持っている事が分かった。

（4‐2）オーブ像のモデル（仮定）

地球は、電磁気学的には巨大な球形・地球コンデンサー（約30万［V］）として存在している（直流状電場）。このほかに、雷による活動並びに地磁気の脈動等に伴って発生する周波数1～10［Hz］、10の2乗～10の3乗［V/m］程度の微細な交流状電場もある。このために、大気中に存在するエアゾール（埃、微粒子等）は帯電しており、また空気の成分は電離していて大気陰イオン、大気陽イオン、電子になっている。これらはスピンしているので、エアゾール等を核にして大気陰イオン・ボールならびに陽イオン・ボールが形成され、さらに、相互作用によって結合されて「ともえ、巴」形状となり、これが絞りこまれて、大気陰・陽イオン・ボールになる。

　これらの中には、図9（P.277）に示した**「意識要素（雲状ＰＳＩ－ｓｐｉｎ群）」**も含まれている。伝統的な東洋医学等に依れば、発功状態の皮膚（チャクラ、経穴）からは、意念の指示に従って、陰性並びに陽性のプラナ（気、サイ、微細身素粒子）が放出される。この陰、陽が相互に作用して、雲状の巴形状の回転体になる。本稿ではこれを「意識要素（雲状ＰＳＩ－ｓｐｉｎ群）」と仮称する。当然ながら、これには、老若、男女、種族などの区別は無い。そして之がオーブの意識面を分担するのであろう。

　イオン・ボールにサイ意識要素が混入したものを、**オーブ（たまゆら）**、または**スピリット・オーブ**（SO）と呼ぶことにする。イオン・ボールは、さらに、絞り込まれてゼロ場（ゼロ点）を形成する。

　ところで、オーブ（たまゆら）は、意識が関与するマクロＰＫ（念力）として出現している。つまり、撮影者の意識（変性意識状態、ＡＳＣ）と体外にあるオーブとは同調し、情報の交換を介して出現・生起してくる模様である。

オーブは色付きの円形状（球形）として撮影されている。本報を含めた多くの実験によれば、よりパワーが強いと思われるオーブは、ほぼ白色（乳白色）である。例えば本報の図7（P.275）に示した様に、明度を揃えて様々な光色（R、G、B等の）を加算させると、より純粋な（強い）白が得られる。つまり、オーブの構成要素は光（色）である。

他方、図8等から分かる様に、光（色）を構成するのは、微細な小色球であり、それぞれは独立な発光体から構成されており、それぞれが別々に変化するが、全体としては約7.8［Hz］のうねりを伴って変化している。

（5）むすびとして

本稿は、オーブ形成の初期段階（芽オーブ）における球形芽オーブの動的な変化の内、オーブの吸収と分裂の場合について、波動特性を検討した。その結果として、オーブを光色（光子群）の諸変化として取扱った。さらに、新たに、オーブ出現の背景空間には、多数のノイズ状（点状）小オーブ球が散在する事を確かめた。

１９　念写と動的なミクロ・オーブ

（１）はしがき

念写は、今から約１０７年前（１９１０年）、**福来友吉博士**によって発見された、**「能力者が心の中で念じた事象が、可視光を遮蔽したフィルム上に直接に像を結んで写る」**と云うもので、英国超心理学会（世界最初、ＳＰＲ）発足とほぼ同時期であった。

時間が経過して近年（１９７５年）になると**宮内力**、**福田豊両氏**は、**清田益章師**を被験者として、暗函内に「**光湧出**」を成功させた。筆者らは、清田師を被験者として、暗缶内で動き回る（念写の極初期段階）**ミクロ・オーブ（光念球）**の動きを記録する事に成功した（１９７６年）。

しばらくして（39年後）、**佐藤禎花師**の特異能力を介して、大気中で動作する**芽オーブ（ラビット・オーブ）が撮影・記録**された（２０１５年）。

比較検討すると、それぞれの条件の設定は異なるが、**ミクロ・オーブとラビット・オーブとはほぼ同一**であることが解った。そして、これらが進行して**念写像**になるのであろう、と判断している。

今回は、これらについて報告する。

（２）念写とオーブの実験の内容

ミクロ・オーブは、生活空間にあるノイズとしての電磁波と可視光線を遮断したＴＶビジコン管内（または暗函内）に発生させた**光念球**の動きを意味している。**念写**は、可視光線と電磁波（カメラ内）を遮断したフィルム上に光像を結ばせるもの。**芽オーブ**は、電磁波や可視光線の存在する大気中（近赤外線領域内）に存在する**光子群**（**ＰＳＩ‐ｓｐｉｎ群**）の動きを、マクロＰＫを介して、写し取ったもの。つまり、空間のある個所（局所）に遠隔念写をする事に相当すると思う。

本稿では、実験結果を述べたあとで比較・検討するが、総合して考慮すると、それらはほぼ同一であり、念写過程に現れる共通の物質（ＰＳＩ‐ｓｐｉｎ群、光子群）を扱っている事になるだろう、と思う。

（３）ミクロ・オーブ

今から約４０年前（サイ科学（１９７７）、Ｖｏｌ．４‐１、ｐｐ．２‐９、Ｖｏｌ．５‐１、ｐｐ．１５‐２０、Ｖｏｌ．５‐３、ｐｐ．４１‐４４、その他）、清田師を被験者として、念写の機構解明のための基礎実験が行われ、「**光湧出**」が報告された（宮内力、福田豊）。続いて可視光線と電磁波ノイズを遮断した暗缶内に、意念の働きのみによる**光念球**（約１㎜直径）の発生（念写）が認められ、時間変化曲線が記録されて、ミクロ・オーブである事がわかった（佐々木茂美、小川雄二）。

センサーはフォトダイオード（ＳＰＤ１１１）、記録にはメモリースコープとＸＹレコーダー等を用いた。

①（1）発生した**光念球**は割合に不安定でランダム・パルス状に変動している。

②既知の光（室内光）が暗函内にある場合には、光球体（念球）出現の妨げにはならないで、むしろ助けになる。

③暗函内に置いてある太陽電池や発光ダイオードの性能を変化させないで、物理的な光に加算した形で、出現してくる。

④暗函内に物理的な連続光がある場合には、発生してくる光はよりランダム・パルス上になる傾向がある。さらには、

⑤光念球の移動速度は群パルス状で、うねりの様な緩急動作を繰り返す。

⑥移動速度はほぼ正規分布である（最頻値は6．5［Hz］）。

⑦電磁波ノイズ並びに室内光ノイズが加算した場合には、最頻値は、しだいに増加する（シューマン・レゾナンスの7．8［Hz］に近づく）。

⑧パルス波形のピーク値（オーブの光の強さ）の出現は、ほぼ指数分布である。つまり移動速度と光の強さは対応していない（単一光源ではない）。
⑨周波数の分布状態は、ほぼワイブル分布である。
⑩オーブは変性意識状態（ASC）下の集中とイメージに関連して、時間や空間を超越して出現してくる傾向がある。

つぎに、さらに約30年の時間が経過して（2007年）、これらの時間変化曲線を**カオス解析**（苗鐵軍、佐々木茂美）したところ、**低次元決定論的なカオス過程**（フラクタル次元D＝1.9～2.2）である事がわかった（サイ科学（2007年、Vol.29-1、pp.2-11.）。

なおフラクタル次元とは、関与する動力学的な独立変数（自由度）の数を意味しているので、生体の2～3箇所（チャクラ）からサイ（気）を送念している、と判断した。

さらに8年経過して（2015年）、つぎに示すように、**デジタルカメラを使った佐藤禎花師による**室外の大気中でマクロな芽オーブの動的な変化挙動が観察・記録された。

（4）芽オーブの変化挙動

大気中に存在しているエアゾール（埃、微粒子）

の大部分は、地球を取り巻いている大気電界のために帯電している。また空気成分の一部は大気電界や宇宙線の作用によって電離していて大気陰イオン、大気陽イオン、電子になっている。これらによって大気の上層部は陽（＋）、地表部は陰（－）に帯電している。したがって、地球は電磁気学的には巨大な球形・地球コンデンサー（約30万［V］）として存在している（直流電場）。

このほかに、雷による活動並びに地磁気の脈動等に伴って発生すると判断されている周波数１～10［Hz］、10のマイナス２乗～10のマイナス３乗［V/m］程度の微細な交流電場も存在している。

なお、オーブと水は親和力が大である。空気中に水分がないとオーブは極めて発生し難くなる。空気中の水蒸気は

H_2O → H^+（陽イオン）＋ OH^-（陰イオン）

になり、オーブ形成の主要な要素に成っている。さらに判明している重要な性質として、オーブ（たまゆら）はマクロＰＫ（念力）として出現している。つまり、撮影者の意識（変性意識状態、ＡＳＣ）と体外にあるオーブとは同調し、情報の交換を介して出現・生起してくる（マクロＰＫ）、と判断されている。

なお筆者らは、オーブに意識要素（プラナ、微細身素粒子、オーラ）が加算されたものを「オー

ブ（たまゆら）」と呼んでいる。

またオーブ（たまゆら）はエネルギー一定条件で、ゼロ場（ゼロ点）で発生・生起する（何れも、別報）、と判断されている。

デジタルカメラとビデオカメラを用いて、夜間に、芽オーブ撮影のテストをした。実験者は佐藤禎花師、ほぼ変性意識状態（ＡＳＣ）でオーブを呼び込み、情報交換をしながら（マクロＰＫ）テストした。佐藤師は特異能力保持者である。

これには多くの成功例がある。出現形状は、ほぼ丸（球状）型、球状の二分割型、芋虫状（変形芋虫状）、菱型、その他、等がある。これらは呼び掛けに応じて遠方からやって来る様子である。

発生（遠方）当初は点状であるが、しだいに成長して芽オーブ（ラビット・オーブ）、通常（成熟）オーブになる。発生の初期過程は柔らかな綿を集合させたような感じであり、次第に成長（集合）すると同時に、結合が強くなり、通常の球形状等になる。

具体的な一例を述べる。芽オーブの変化状況を撮影・記録した動画の画面を30分の1秒毎にコマ送りして、時系列の1コマ毎に切り取り、キャプチャした画像を重ねることにより芽オーブの移動を調べた。例えば、ある時には丸くなり、クルンと頭を下にして180度反転する場合がある。

また、一例として、画像分析ソフト「ｋｗｌｓ－ｃｐｓ」を用いて色変化（周波数変化）の状態を調べたところ、シューマン・レゾナンス7.8［Hz］付近を周期として明暗の変動を繰り返す傾向があった。

以上の測定結果を都合よく説明するために、図1（P.278）の**2組の巴型スピン対（モデル）**を設定する。図1の（ａ－1）、（ａ－2）は異なる2種類の巴型スピン対群で、これをベクトル表示したのが（ｂ－1）並びに（ｂ－2）である。

これを基にして、観測された芽オーブ（芋虫状）の諸変化と反転現象を説明する。例えば、大きな巴型右回りスピン（ａ－2）が頭を意味し、小さな巴型左回りスピンが尾を意味するものとする。図1に示すように、（ａ－1）は陽・イオン（H^+）と陰・イオン（OH^-）のイオン対である。

同様に（ａ－2）は雲状の陰・微細身素粒子と陽・微細身素粒子を意味している。細身素粒子とは、撮影時に撮影者の皮膚（チャクラ）から射出されるプラナ（サイ，気、オーラ）を意味している。其々はスピンしているが、回転方向が同一なので、陰と陽が引き合い、巴型になる。（ａ－1）、（ａ－2）と（ｂ－1）、（ｂ－2）は回転方向が逆なので磁力またはクーロン力によって引き合い、次第に接近する事になる（オーブの長さは短くなる）。

また、（a）の巴型の回転体の2つの目には、紙面に垂直方向に（b）のベクトルがあり、其々は逆方向に進行・移動している。

他方、地球には南極（N極）から北極（S極）に向かう変動する磁力線が存在している。撮影画面の縦方向に位置を占めているラビット・オーブには横方向に電流が流れており、そのために巴型の回転体の目（図中の小丸）にあるベクトル（b）には、直交して磁場が働く筈である。地球磁場はほぼ7.8［Hz］で変動しているので、巴型の目にあるベクトルも、進行しながら、ほぼ7.8［Hz］で変動している。

この時、磁気の重なり（作用）が同極の時には斥力、異極時には引力に成る筈である。つまり、ラビット・オーブにも磁気力やクーロン力があり、引き合って短くなって、次第に丸くなり、つぎに、両方の目にあるベクトルの磁力の斥力によって反発して180度に反転する、のであろう。これらの変化は、7.8［Hz］の共振地球磁気と同調して生起する、と判断している。

（5）総合的に判断する

ミクロ・オーブは、時間の経過とともに次第に成長して、一個の成熟したマクロ・オーブになる。念写とオーブの関係を説明するために、仮定を設ける。

仮定（1）・・・オーブはＰＳＩ-ｓｐｉｎ群の集合体である。
仮定（2）・・・オーラ（自己）とオーブとは同種・同族・同根である。

大気中には様々なＰＳＩ-ｓｐｉｎ群（光子群）が存在している（P.278図1）。これは撮影者のオーラ（微細身素粒子、サイ、気、プラナ、生霊）の分身であり、死後の霊体の一部でもある。つまりＰＳＩ-ｓｐｉｎ群は生死、男女、自己と他者、種族、植物、動物等を超えた存在である。

オーブは、呼掛けに応じて発生する（集まる）。そしてミクロ・オーブ（初期）、ラビット・オーブ（中期）、オーブ（成熟期、後期）と次第に成長する。初期と中期の段階は、柔らかな綿状の光子集合体であるが、後期の成熟期になると、大きな集合体になり、結合力も増して、普通に撮影される球形状等になる。初期の段階からカオス（ゆらぎ）が形成（発生）され、カオス・アトラクターを形成する。そして、後期になると非対称干渉縞模様等の「オーブの表情」を造る事になる。念写像は、このカオス・アトラクターの切断面（ポアンカレ写像）等として現出すると判断できるそうである。

なお、アトラクターの分岐（内容）が、念写像（事象の区別）を決めるのであろう。つまり、分岐点でのオン・オフ（例、「+」、「−」の選択）は意念によってきめられる。さらには、分岐の過程には「窓」と云う現象がある。アトラター成分には（+）成分と（-）成分がある。しだいにアトラクターの密度が増してこれらが作用し合って相殺し合う（ゼロになる）場合がある。この時点で念写像が形成される場合もあり得る、と考えている（念写の一種）。

オーブ研究の一つの目的は、自己の指導霊をオーブとして現出させて、無意識を介して「生き方」の指針を受ける事にあるだろう。指導霊の助けにより、より良い運「運がいい」を得、より良い「ついている」（憑く）を得て、輝かしい人生を送ることが出来れば、幸いである。

２０——あとがき——

オーブとは何か（撮影、測定、分析）

はじめに

我々は、いま、大きな変革の時代を迎えようとしております。人口知能（ＡＩ）や物のネット接続（ＩｏＴ）、さらにはＵＦＯや宇宙人などの問題が出てきて進展している様子であります。なかでも人口知能（ＡＩ）は、我々の心(意識、無意識)の世界の一部をロボットによって置換えようとしております。どんな環境がやってくるだろうか、経験したことが無い変革であり、生活や学習、信条や宗教までも変えようとしております。

しかし残念ですが、いま、我々は自らの心(意識、無意識)を科学的に説明する事ができません。心を科学的な面から研究する研究者はごく僅かであり、心とは何か、人の尊厳とは何か、物と心はどのような関係にあるか等を、科学的に説明する事ができません。そこで、私達はオーブを介して検討することに致しました。

日本サイ科学会は**「心と心、心と物、心に関連したサイ(超常現象)の問題」**を扱っており、２０１８年度の年次大会では、阿久津淳理事を大会委員長として、シンポジウムテーマ、

「ＡＩを乗り越えるのは？ＡＩ［人工知能］」ｖｓＰＳＩ［サイ能力］」

を開催して、活発な討論をおこなってきました。

この本では、サイ科学会を介して発表された著者らのオーブ研究の現状を紹介しております。

オーブは、写真の記録媒体が**フイルムから電子素子（ＣＣＤ）に変わる時期**に伴って、写真画面中の**ノイズ**として登場してきました。したがって、一般には、水滴（キリ）や埃が写された「**偽オーブ**」であるという否定的な意見が大部分であります。

しかし、撮影している実験者の側からみると、例えば、本質はわからないが、偽物でないオーブが確かに写真に写っている。**ひとの心に関係する意識体または霊体の投影**ではないだろうか、と言う肯定的な意見もあります。

この本の内容ですが、著者らがオーブを撮影して分析してみると、結果として、

①**撮影者の意識**と体外にある**スピリット・オーブ（ＳＯ）**とは**共振（同調）**している。オーブには共振するオーブ（ＳＯ）と，共振しないオーブがある。

②オーブ（ＳＯ）は**撮影者の意識と情報交換**している。つまりマクロＰＫの一種かも知れない。

③**カオス・アトラクター**を画くが、このフラクタ

ル次元はD＝1．9～2．3（駆動因子、チャクラの数）である。

④**構成要素**は、プラズマ化した陰と陽のサイ（気）スピン対、陰と陽のイオンスピン対、エアゾール等であり、光（色）として表示されている。また、

⑤各構成要素のそれぞれは**独立した発光体**で、それぞれは別々の動きをしている。またオーブ（SO）は

⑥平面状もあるが**多くは球体状**であり、しかも周りの環境（の空間）に大きな影響をうけている。

⑦動きをみると**7．8［Hz］の周波数に共鳴**して変化し、その姿勢（形姿）は、**地磁気**方向（N、S）に影響されている。

⑧条件をえらべば、**約（1／3）の確率で出現**する。つまりある程度の再現性がある。

⑨主な構成要素であるサイ（気）は、**近赤外線領域**に存在しているので**非可視**である。

⑩**あの世（神、魂、霊）とこの世（生活空間）を実験的（具体的）に結びつける**のは、今のところ、スピリット・オーブ（SO）だけであると思われる。

以上から、

⑪オーブ（ＳＯ）は**物質界と精神界を結びつける**役割を果たしている様にも思われる。という結果を得ております。

ところで、スピリット・オーブ（ＳＯ）は、条件さえ選べば、**誰にでも撮れる**ことが判りました。

オーブを出現させる為には、

一、**廉価な赤外線領域をも写せるデジタルカメラ**を用いて、**薄暗い空間に向けてフラッシュ撮影す**る。

二、**オーブ出現を求めて、無心になり、リラックス集中の状態でシャッターを切る。**

三、**未知の存在（SG）の助けを求める。**

の３条件が必要だろうと思います。つまり、このスピリット・オーブ（SO）の出現が端緒になって**精神世界の可視化と大衆化が実現**し、進行する可能性があると思います。

過去に**顕微鏡の発明**（１９６５年、フック）によって細胞が発見され、これが端緒になって近代生物、生理学（例、ｉＰＳ細胞など）にまで発展・成長致しました。同様に**デジタルカメラの発明**によってオーブが発見されました。これが端緒になって近代精神科学（新分野）樹立に役立つことになるかも知れないと思います。

多くの先輩、同僚に助けられてこのような形の中間報告をする事ができました。清田益章師はミクロ念球実験。小川雄二氏にはその測定・解析。苗鉄軍博士にはカオス解析など。川崎利男氏にはスプレー水滴。佐藤禎花師には、主として、動画の撮影実験を。小澤佳彦氏は全体の纏めを担当されました。また小林泰樹氏には、サイ科学会の事務局長として、様々な面でご指示とご援助を戴きました。

関係する多くの皆様方に、衷心より厚くお礼もうしあげます。全てに感謝し、お礼申しあげます。

文献一覧

３－２　オーブとプラズマ・モイド

（１）阿久津淳（2006）、世界初オーブ（ORB）に関する本格的シンポジウム：サイ科学,Vol.28,No.1,pp.20-22.

（２）川崎利男（2006）、オーブ研究報告　第一報：サイ科学,Vol.28,No.1,pp.23.

（３）薄葉達夫（2006）、オーブ（ORB）は霊魂（意識体）か！？：サイ科学,Vol.28,No.1,pp.25-37.

（４）小林信正（2006）、目に見えない謎の光球体“オーブ”について：サイ科学,Vol.28,No.1,pp.38-47.

（５）池田辰雄（2006）、オーブについて：サイ科学,Vol.28,No.1,pp.48-49.

（６）米田晃（2006）、オーブ（霊の玉）についての一考察：サイ科学,Vol.28,No.1,pp.50-54.

（７）小澤佳彦（2006）、デジタルカメラに写り込むオーブに関する考察：サイ科学,Vol.28,No.1,pp.55-61.

（８）宮原貢（2006）、オーブの調査報告：サイ科学,Vol.28,No.1,pp.62-64.

(９) 佐々木茂美（2006)、オーブ（ORB）写真の検討：サイ科学,Vol.28,No.1,pp.65-67.

(10) 佐々木茂美、苗鉄軍（2012)、意識とオーブ（ORB）のコンタクト：サイ科学,Vol.34,No.1,pp.2-9.

(11) 苗鉄軍、佐々木茂美（2012)、「願いを叶える」為のオーブ（ORB）画像フラクタル次元解析：サイ科学,Vol.34,No.1,pp.10-16.

(12) 小林信正（2012)、オーブ（ORB）はコンタクトを求めている：サイ科学,Vol.34,No.1,pp.27-35.

(13) ロン薄葉（2012)、オーブ現象と意識の変容：サイ科学,Vol.34,No.1,pp.64-71.

(14) 薄葉達夫（2012)、オーブ現象に於ける光の吸収と放出：サイ科学,Vol.34,No.1,pp.95-99.

(15) 佐々木茂美、苗鉄軍（2013)、オーブ（orb）の出現について：サイ科学,Vol.35,No.1,pp.2-9.

(16) 苗鉄軍、佐々木茂美（2013)、脳波のカオス解析と「オーブ」の出現：サイ科学,Vol.35,No.1,pp.10-17.

(17) 佐々木茂美（2013)、「オーブ」は「パワー・スポット」にいる：岩波ブックセンター

(18) 佐々木茂美、苗鉄軍、川崎利男（2014)、オーブ出現に及ぼすカメラと光と水滴の影響：サイ科学,Vol.36,No.1,pp.9-17.

(19) 苗鉄軍、佐々木茂美（2014)、「オーブ」の空間構造のフラクタル解析：サイ科学,Vol.36、No.1,pp.2-8.

(20) 佐々木茂美、苗鉄軍、（故）川崎利男（2015)、水滴（霧）の消失後にオーブとプラズマ・モイドが出現する：サイ科学,Vol.37,No.1,pp.2-8.

(21) 佐藤禎花、佐々木茂美、苗鉄軍（2015)、オーブ（たまゆら）形成過程の動的な観察：サイ科学,Vol.37,No.1,pp.9-14.

(22) J.White and S.Krippner Eds. (1977)、Future Science: Life Energies and the Physics of Paranormal Phenomena、pp.76,Anchor Books.

（文中には故川崎利男氏から提供された未発表写真があります。掲載のご許可は生前に得てあります。ご冥福をお祈りするとともに、記して、お礼申しあげます)。

３－３　水滴（霧）とオーブとプラズマ・モイド

（１）阿久津淳（2006)、世界初オーブ（ORB）に関する本格的シンポジウム：
サイ科学, Vol. 28, No. 1, pp. 20–22.
（２）川崎利男（2006)、オーブ研究報告　第一報：サイ科学, Vol. 28, No. 1, pp. 23.
（３）薄葉達夫（2006)、オーブ ORB は霊魂（意識体）か！？：サイ科学, Vol. 28, No. 1, pp. 25–37.
（４）小林信正（2006)、目に見えない謎の光球体“オーブ”について：
サイ科学, Vol. 28, No. 1, pp. 38–47.
（５）池田辰雄（2006)、オーブについて：サイ科学, Vol. 28, No. 1, pp. 48–49.
（６）米田晃（2006)、オーブ（霊の玉）についての一考察：サイ科学, Vol. 28, No. 1, pp. 50–54.
（７）小澤佳彦（2006)、デジタルカメラに写り込むオーブに関する考察：
サイ科学, Vol. 28, No. 1, pp. 55–61.
（８）宮原貢（2006)、オーブの調査報告：サイ科学, Vol. 28, No. 1, pp. 62–64.
（９）佐々木茂美（2006)、オーブ（ORB）写真の検討：サイ科学, Vol. 28, No. 1, pp. 65–67.
（10）佐々木茂美、苗鉄軍（2012)、意識とオーブ（ORB）のコンタクト：
サイ科学, Vol. 34, No. 1, pp. 2–9.

(11) 苗鉄軍、佐々木茂美（2012)、「願いを叶える」為のオーブ（ORB）画像フラクタル次元解析：サイ科学,Vol.34,No.1,pp.10-16.

(12) 小林信正（2012)、オーブ（ORB）はコンタクトを求めている：サイ科学,Vol.34,No.1,pp.27-35.

(13) ロン薄葉（2012)、オーブ現象と意識の変容：サイ科学,Vol.34,No.1,pp.64-71.

(14) 薄葉達夫（2012)、オーブ現象（ORB）に於ける光の吸収と放出：サイ科学,Vol.34,No.1,pp.95-99.

(15) 佐々木茂美、苗鉄軍（2013)、オーブ（orb）の出現について：サイ科学,Vol.35,No.1,pp.2-9.

(16) 苗鉄軍、佐々木茂美（2013)、脳波のカオス解析と「オーブ」の出現：サイ科学,Vol.35,No.1,pp.10-17.

(17) 佐々木茂美（2013)、「オーブ」は「パワー・スポット」にいる：岩波ブックセンター

(18) 佐々木茂美、苗鉄軍、川崎利男（2014)、オーブ出現に及ぼすカメラと光と水滴の影響：サイ科学,Vol.36,No.1,pp.9-17.

(19) 苗鉄軍、佐々木茂美（2014)、「オーブ」の空間構造のフラクタル解析：サイ科学,Vol.36、No.1,pp.2-8.

８－２　オーブ（Ｏｒｂ）の出現

（１）例えば、M,Redwith & K,Heinemann（2007）、The Orb project、
藤野薫訳、オーブ、謎の超知性体（2010）、徳間書店（五次元文庫）.

（２）薄葉達夫（2006）、オーブ（ORB）は霊魂（意識体）か！？：サイ科学,Vol.28,No.1,pp.25-37.

（３）小林信正（2006）、目に見えない謎の光球体“オーブ”について：
サイ科学,Vol.28,No.1,pp.38-47.

（４）佐々木茂美、苗鉄軍（2012）、意識とオーブ（ORB）のコンタクト：
サイ科学,Vol.34,No.1,pp.2-9.

（５）苗鉄軍、佐々木茂美（2012）、「願いを叶える」為のオーブ（ORB）画像フラクタル
次元解析：サイ科学,Vol.34,No.1,pp.10-16.

（６）佐々木茂美、苗鉄軍（2013）、オーブの出現について（２）：
サイジャーナル（PSIJ）,No.409, pp.14-16.

１７　オーブの動的変化から念写像を造る

（１）福来友吉（1913、大正２年８月７日）、透視と念写：pp. 1-257、東京寶文館.

（２）福来友吉（1932、昭和７年11月25日）、心霊と神秘世界：pp. 1-573、人文書院.

（３）M, Redwith & K, Heinemann（2007）、The Orb project、
藤野薫訳（2010）、オーブ、謎の超知性体：徳間書店（五次元文庫）.

（４）薄葉達夫（2006）、オーブ（ORB）は霊魂（意識体）か！？：サイ科学, Vol. 28, No. 1, pp. 25-37.

（５）小林信正（2006）、目に見えない謎の光球体“オーブ”について：
サイ科学, Vol. 28, No. 1, pp. 38-47.

（６）小澤佳彦（2006）、デジタルカメラに写り込むオーブに関する考察：
サイ科学, Vol. 28, No. 1, pp. 55-61.

（７）佐々木茂美（2006）、オーブ（ORB）写真の検討：サイ科学, Vol. 28, No. 1, pp. 65-67.

（８）苗鉄軍、佐々木茂美（2012）、「願いを叶える」為のオーブ（ORB）画像フラクタル
次元解析：サイ科学, Vol. 34, No. 1, pp. 10-16.

（９）小林信正（2012）、オーブ（ORB）はコンタクトを求めている：
サイ科学, Vol. 34, No. 1, pp. 27-35.

（10）ロン薄葉（2012）、オーブ現象と意識の変容：サイ科学, Vol. 34, No. 1, pp. 64-71.

(11) 薄葉達夫 (2012)、オーブ現象に於ける光の吸収と放出：サイ科学, Vol. 34, No. 1, pp. 95-99.

(12) 佐々木茂美、苗鉄軍 (2013)、オーブ (ORB) の出現について：サイ科学, Vol. 35, No. 1, pp. 2-9.

(13) 苗鉄軍、佐々木茂美 (2013)、脳波のカオス解析と「オーブ」の出現：サイ科学, Vol. 35, No. 1, pp. 10-17.

(14) 佐々木茂美 (2013)、「オーブ」は「パワー・スポット」にいる：岩波ブックセンター

(15) 苗鉄軍、佐々木茂美 (2014)、「オーブ」の空間構造のフラクタル解析：サイ科学, Vol. 36、No. 1, pp. 2-8.

(16) 佐藤禎花、佐々木茂美、苗鉄軍 (2015)、オーブ（たまゆら）形成過程の動的な観察：サイ科学, Vol. 37, No. 1, pp. 9-14.

(17) 佐々木茂美、苗鉄軍、佐藤禎花 (2016)、オーブ（たまゆら）の動画を撮影する方法について－オーブ出現機構の推定－　：サイ科学, Vol. 38, No. 1, pp. 2-7.

(18) 佐々木茂美、小川雄二、佐藤禎花 (2017)、出現の初期段階におけるラビット動オーブの観察と測定：サイ科学, Vol. 39, No. 1, pp, 26-31.

(19) 佐々木茂美、小川雄二、佐藤禎花 (2017)、菱形オーブの動的な観察と変化傾向について：サイ科学, Vol. 39, No. 1, pp. 18-25.

(20) 佐々木茂美（2018）、スピリット・オーブの出現場所について：
サイ科学, Vol. 40, No. 1, pp. 7-14.
(21) 佐々木茂美、佐藤禎花（2018）、動オーブの活動による「半月像」の創造について：
サイ科学, Vol. 40, No. 1, pp. 2-6.

オーブ・たまゆら

写　真　集

NO,3-2-1,（写真）、オーブ、プラズマ・モイド

写真 1(No,1180、飯坂)

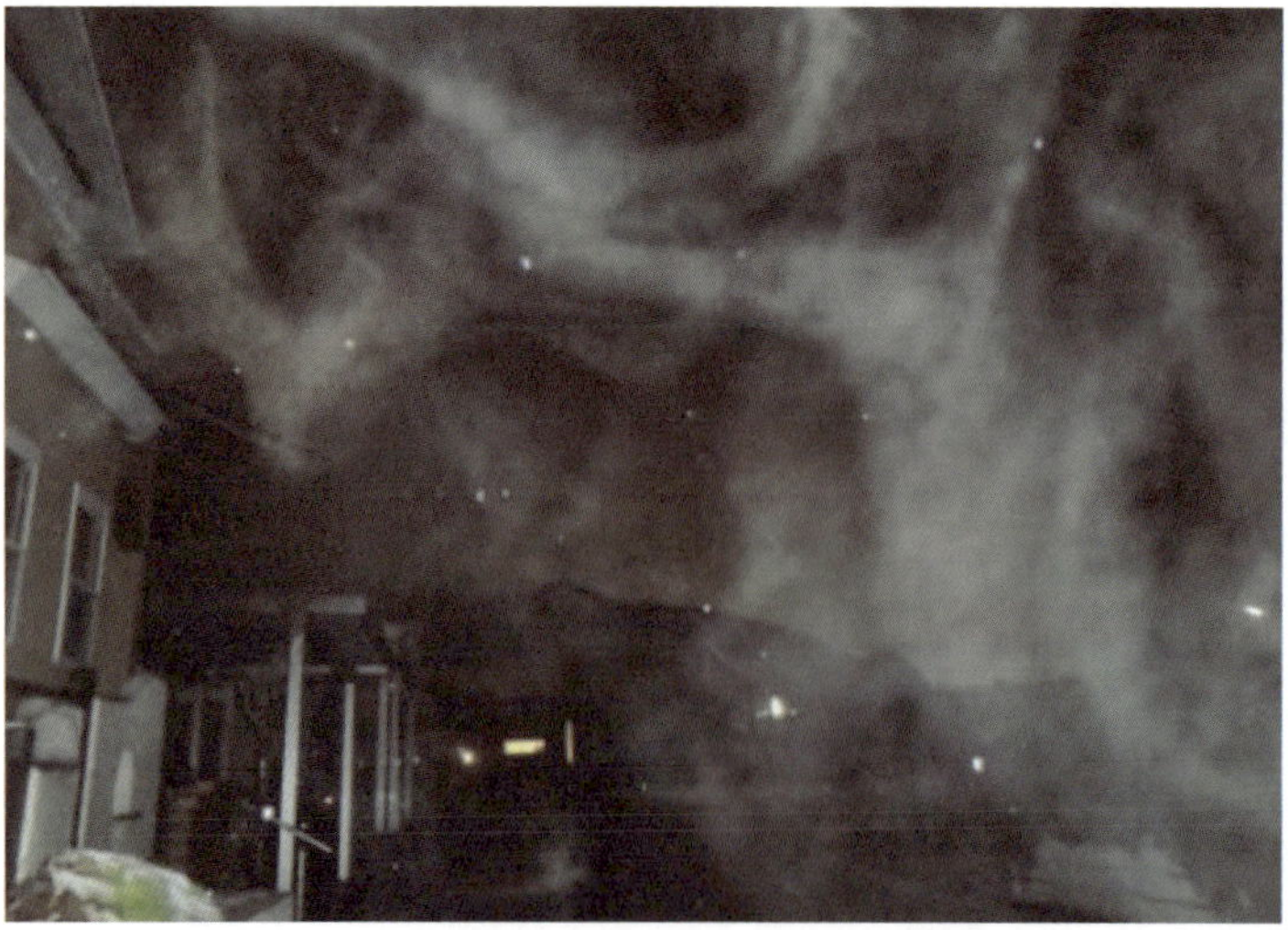

写真 2（No,0623、福島)

写真 3（No,0624、福島）

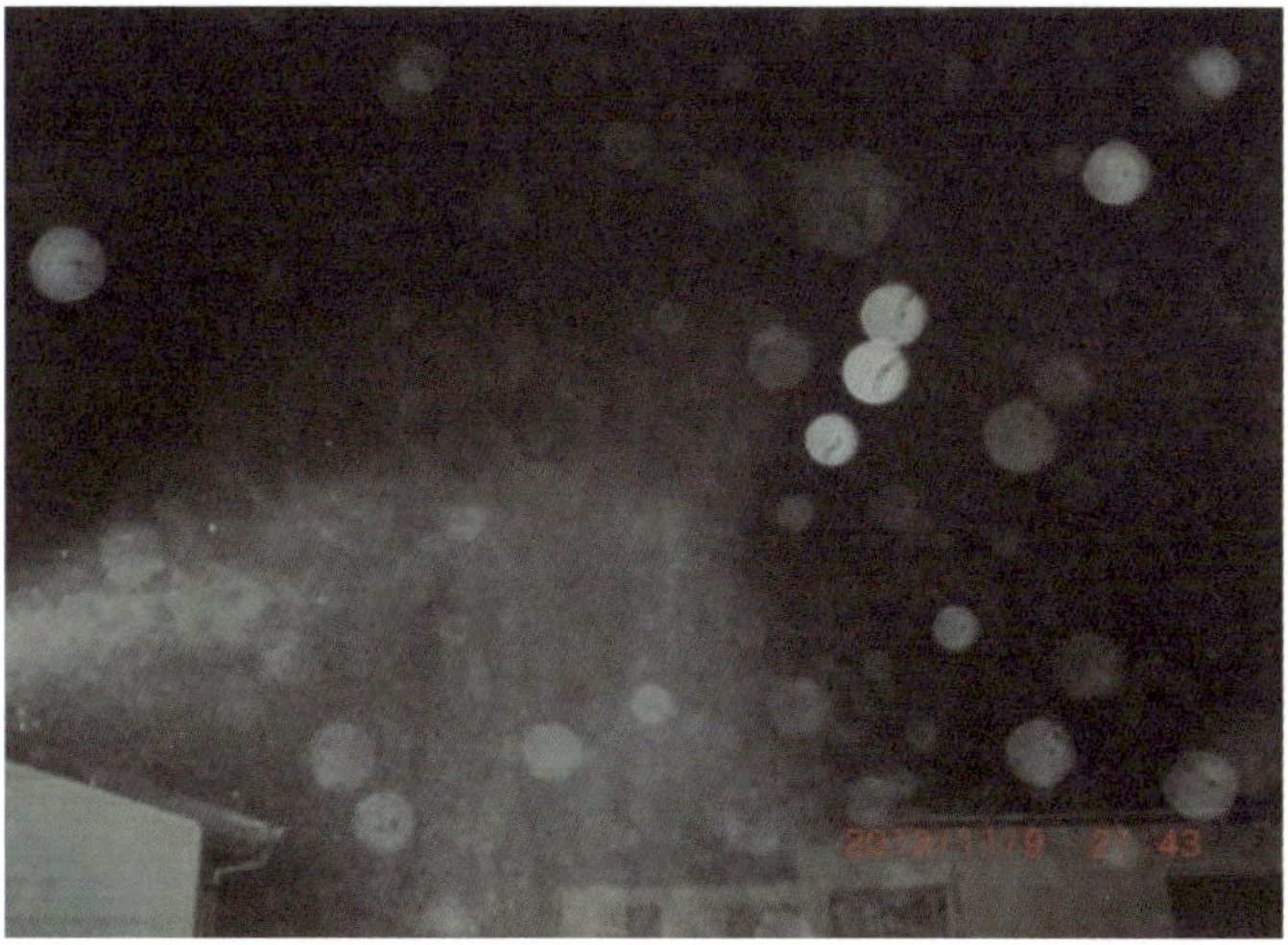

写真 4(No,3694、千葉)

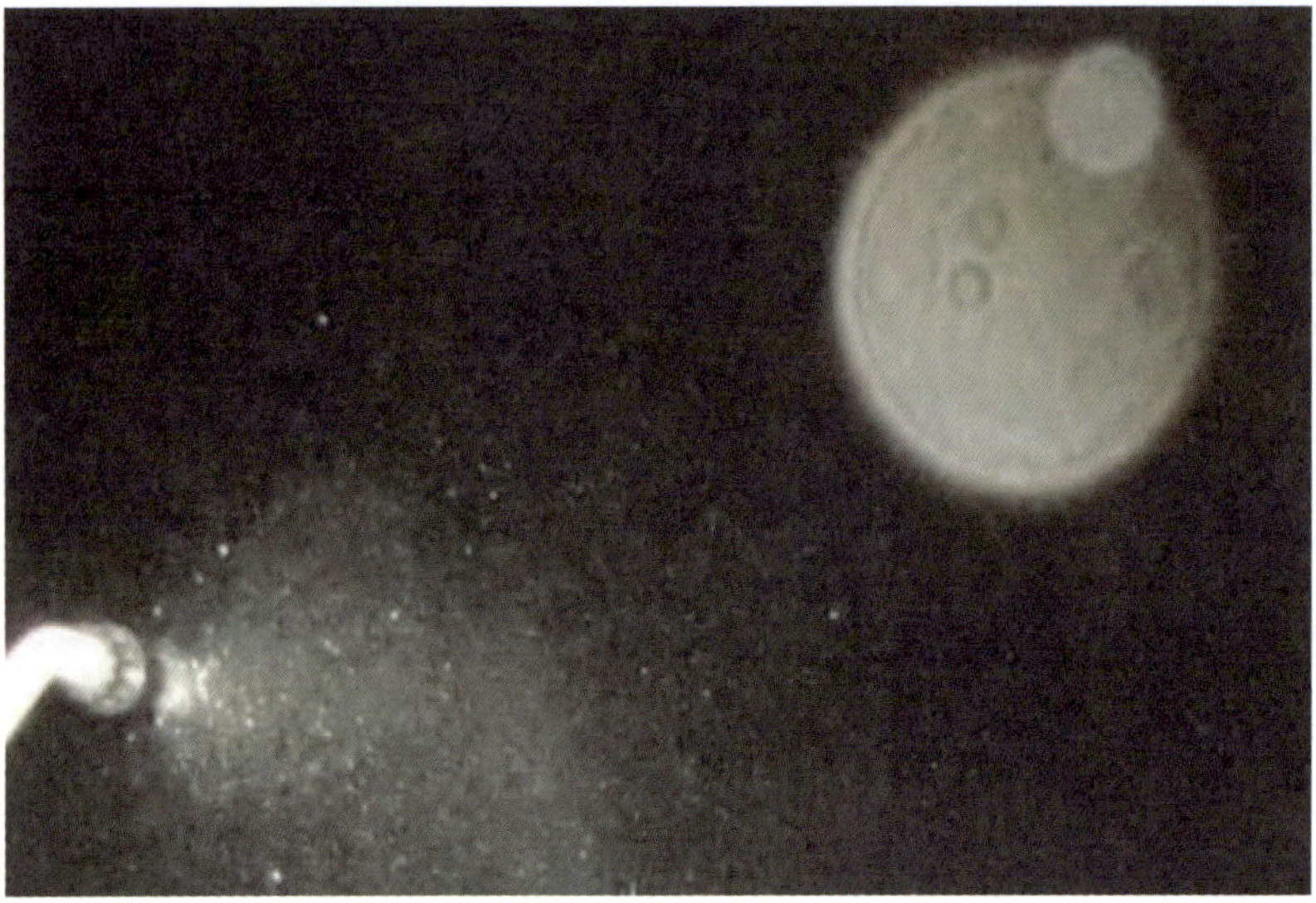

写真 5（No, 131108(2)）

写真 6（No, 0732、台北）

写真７（No,1013、千葉）

No,3-3-1,（写真）、水滴、オーブ

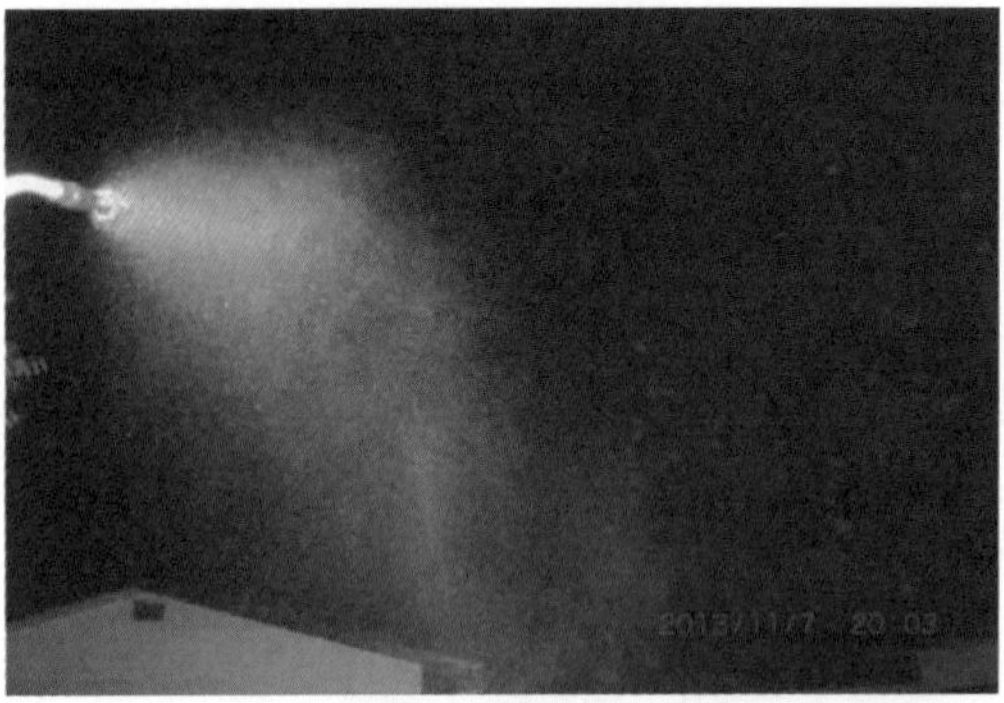

写真、No， 131106(1)

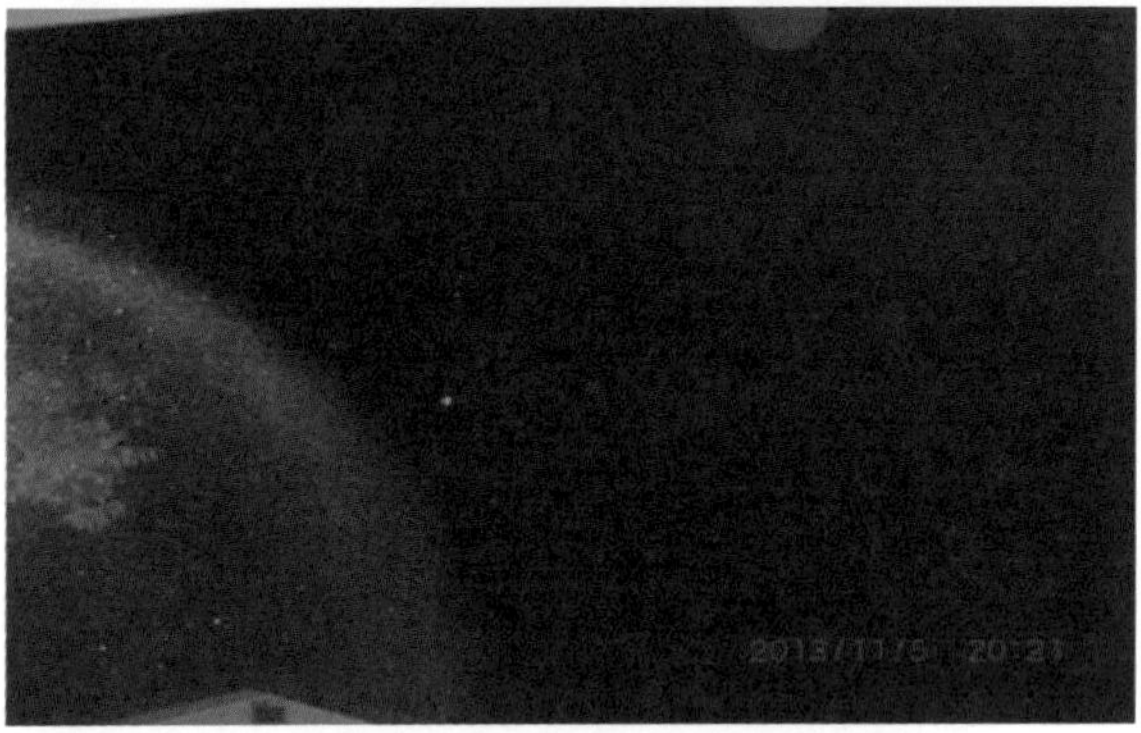

写真、No,131106 (2)

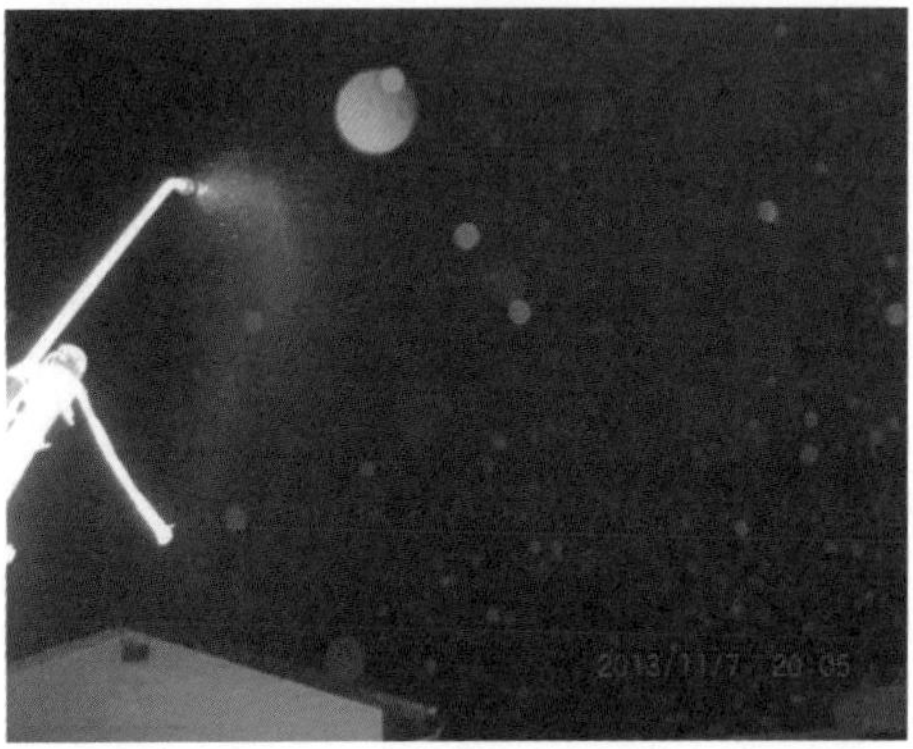

写真、No,131108(１)

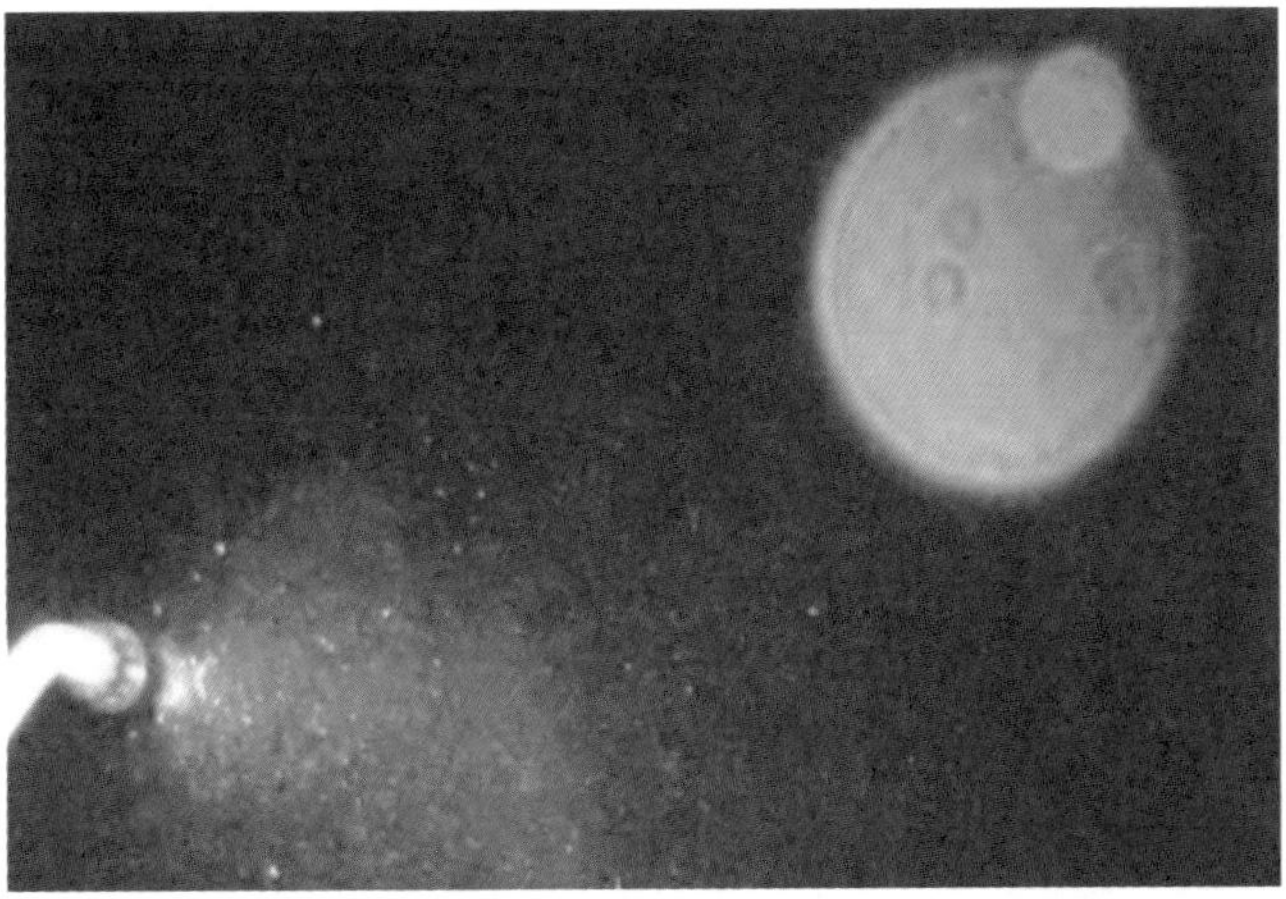

写真、No,131108(2)

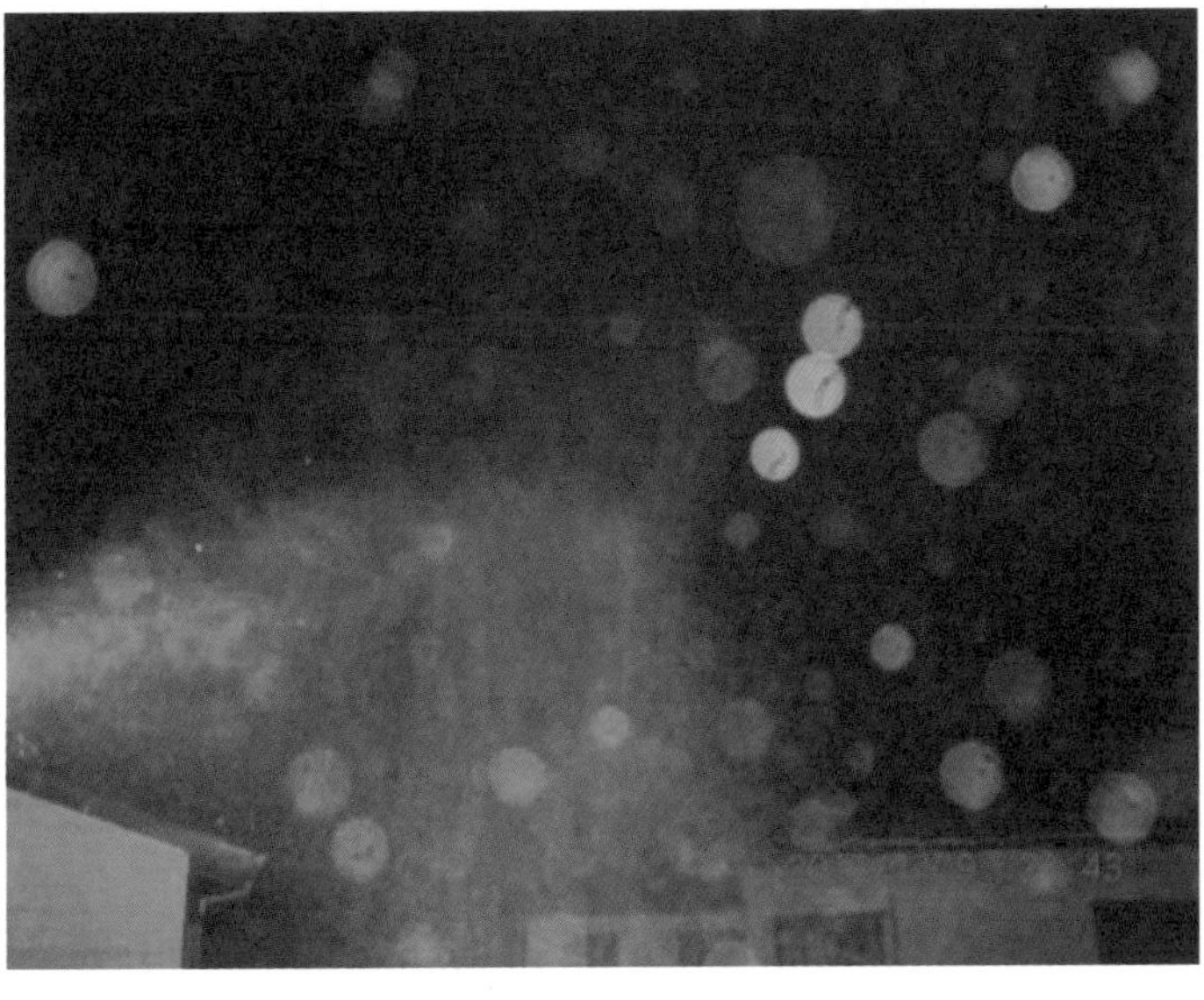

写真、No,131109

写真、No,141117（１）

写真、No,141117 (2)

写真,No,141117(3)

No,4-1-1,（写真、図）、出現初期、ラビット・オーブ

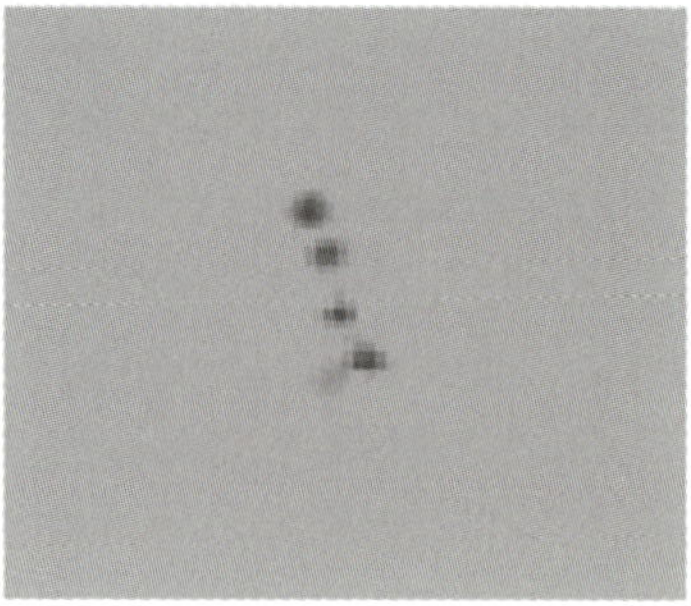

図１、点状オーブの移動

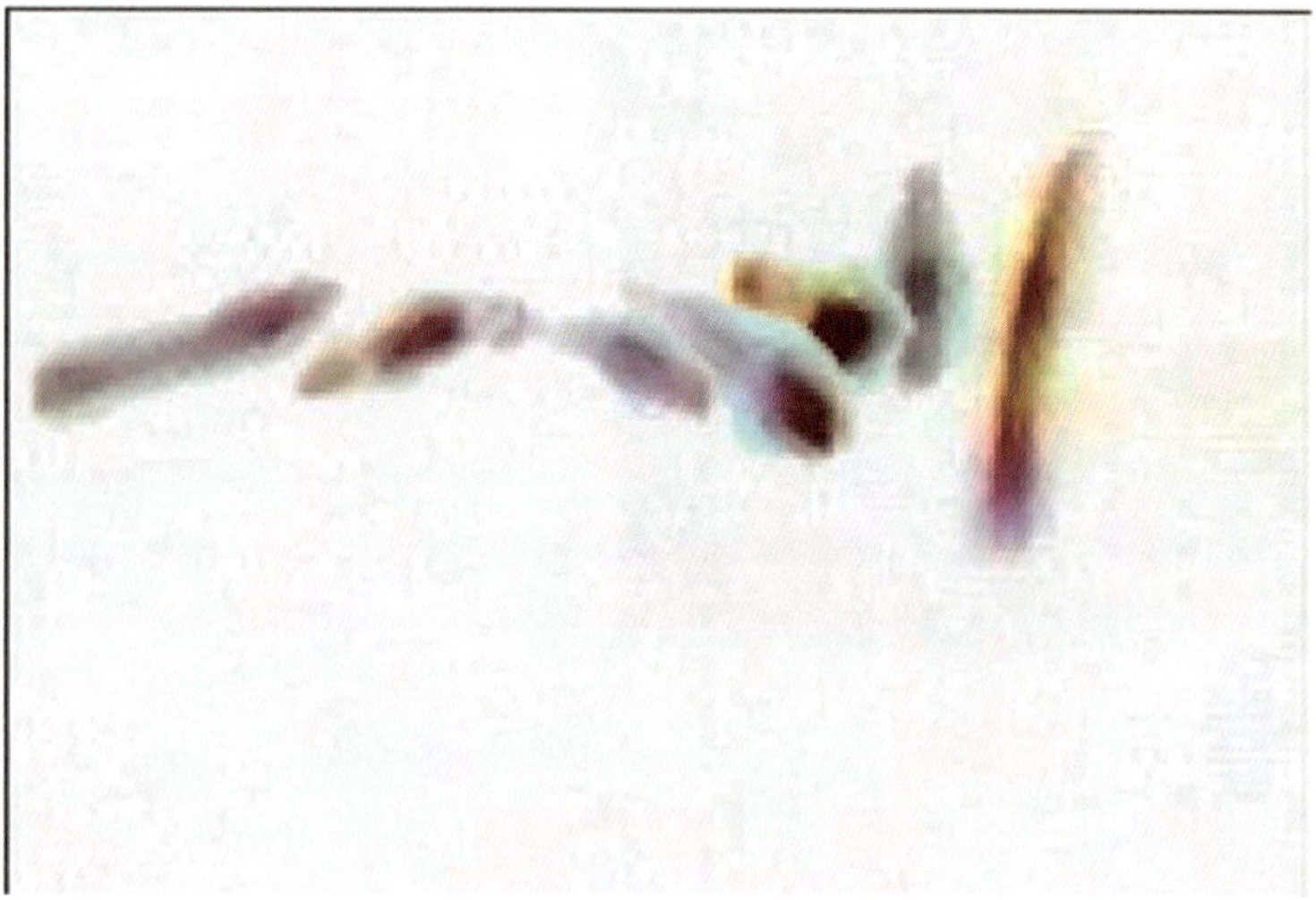

図２、ラビット・オーブ（ＲＯ）の短時間変化

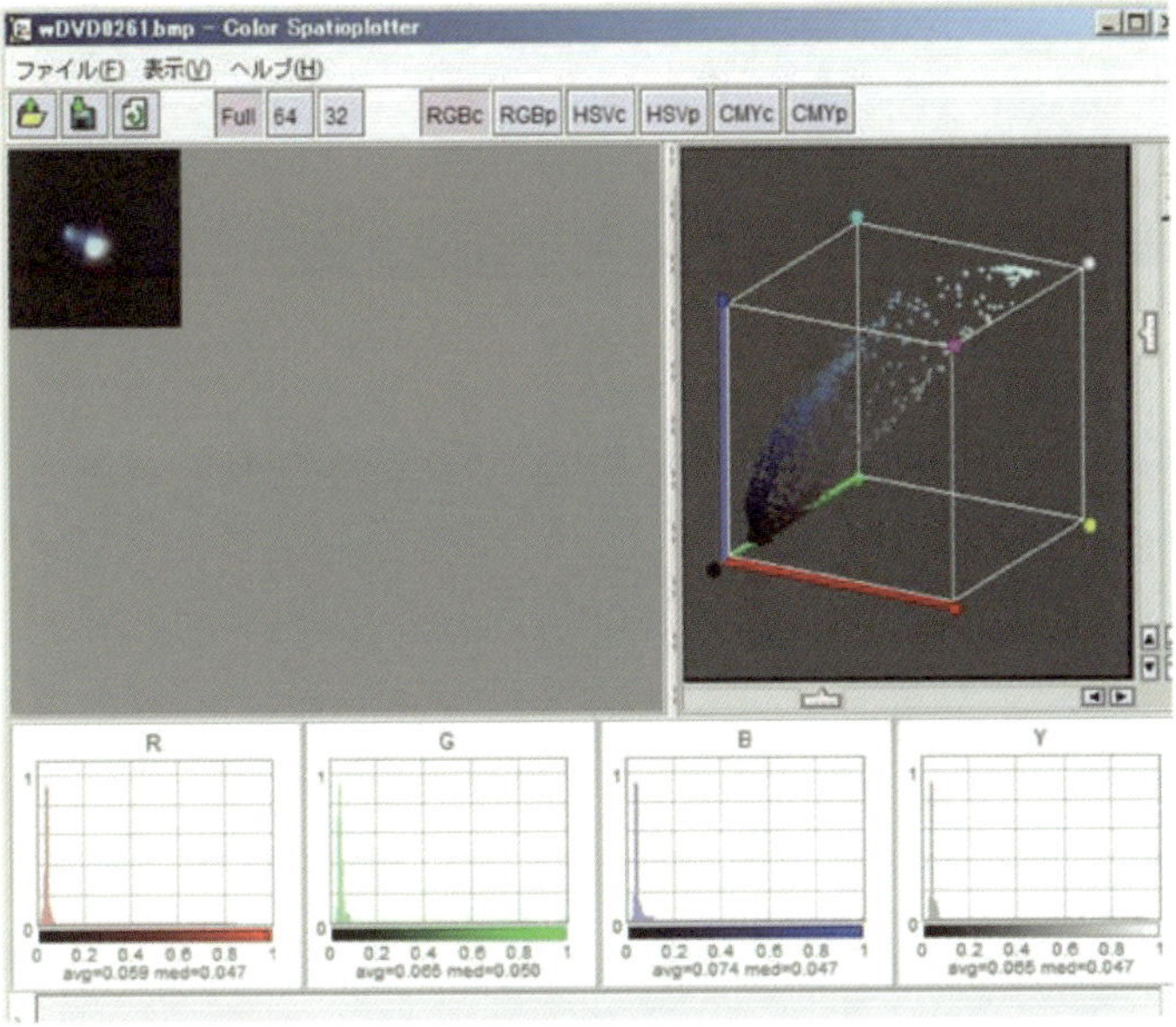

図 3、画像分析ソフトによる静止画像（kwls-cps 使用）

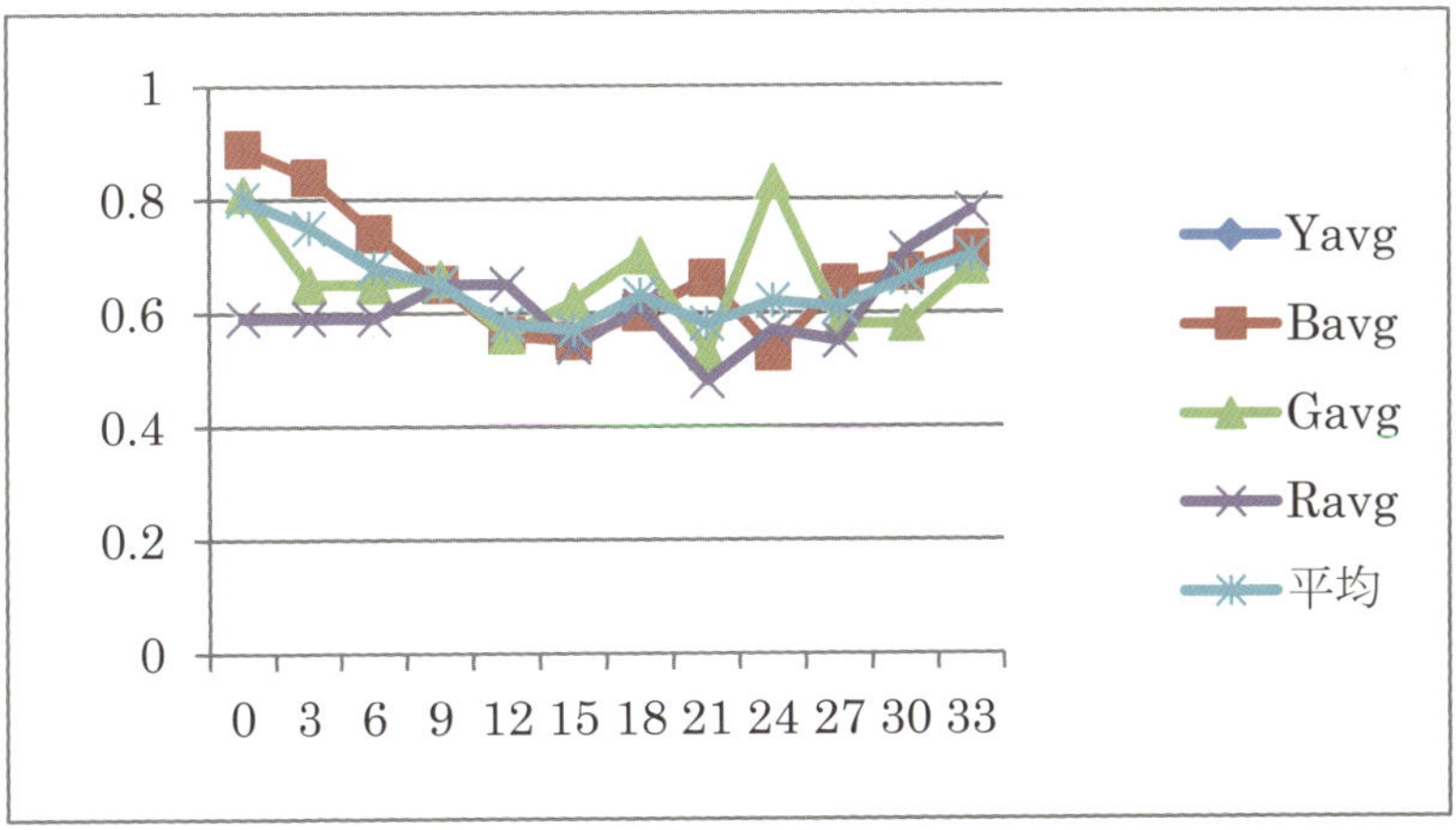

経過時間、10^{-2}sec

図 4 、経過時間に伴う色合(波長)の変化

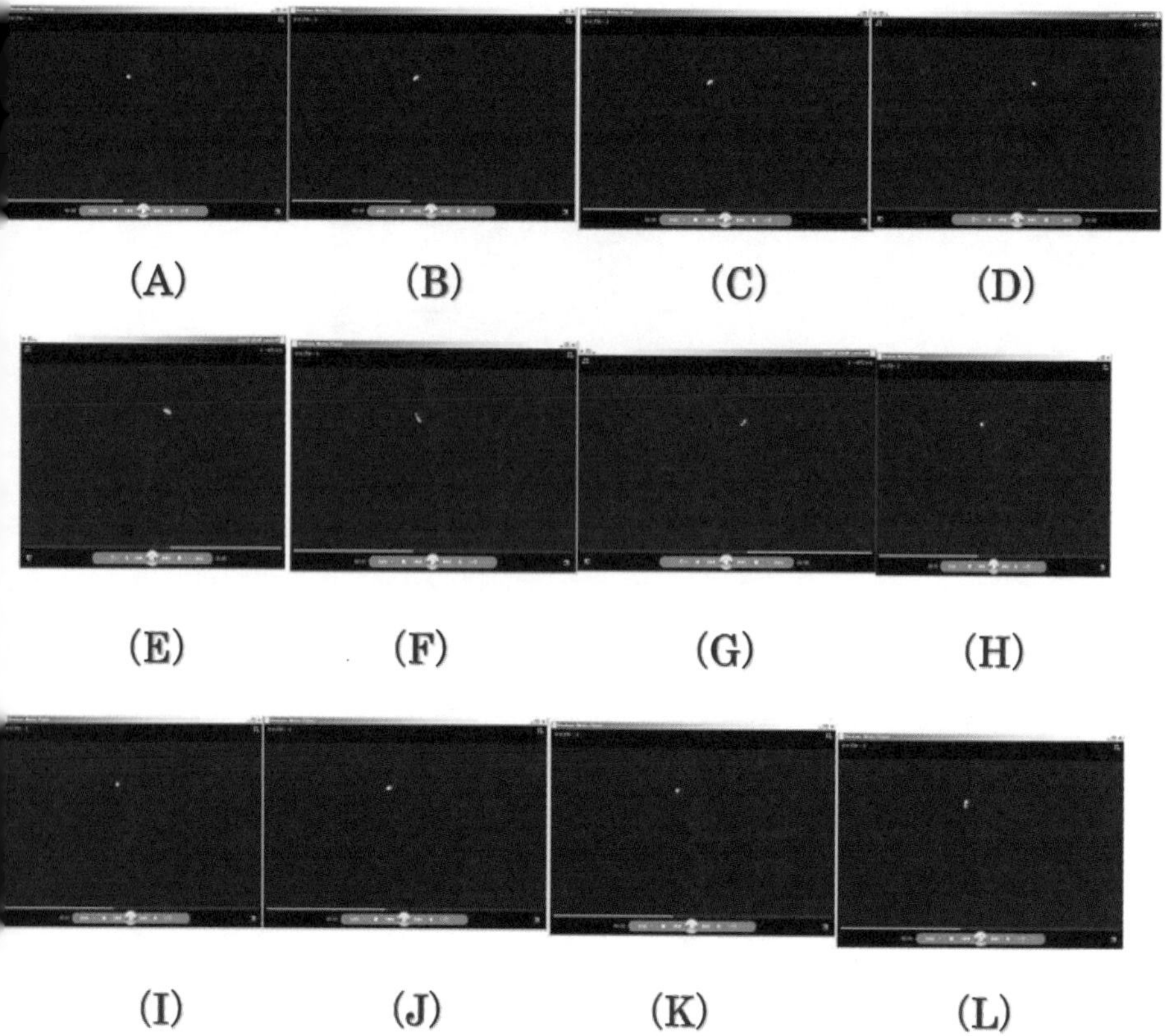

図５、ラビット・オーブの切取り静止画像

(A)

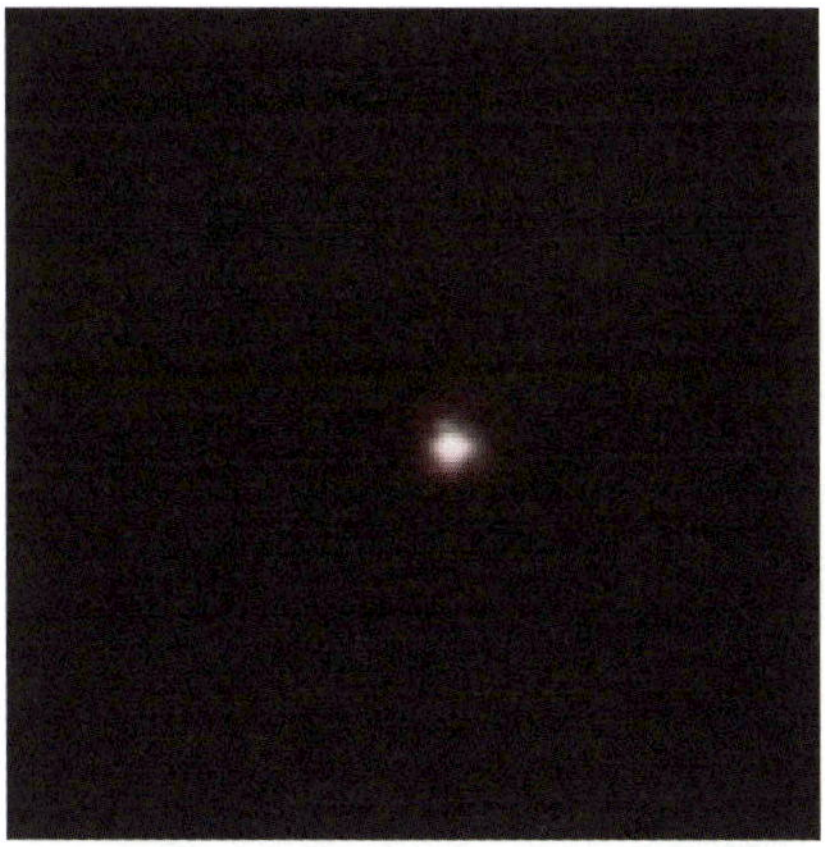

(B)

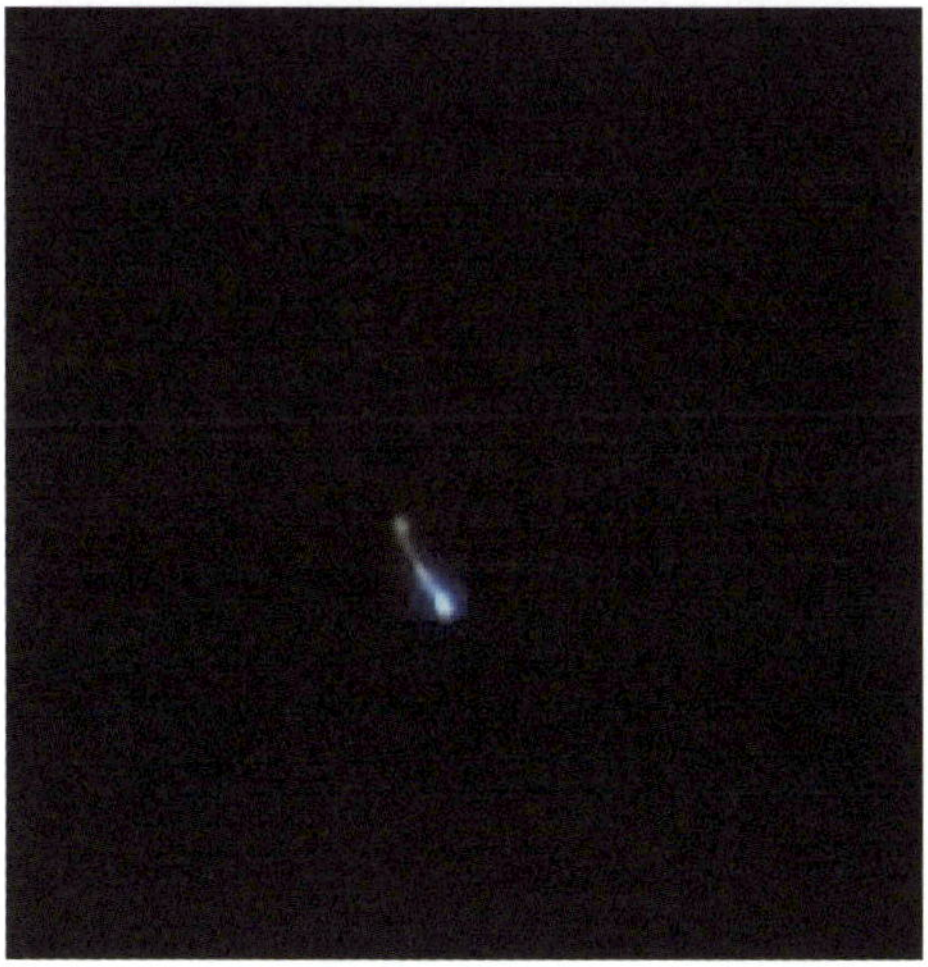

（C）

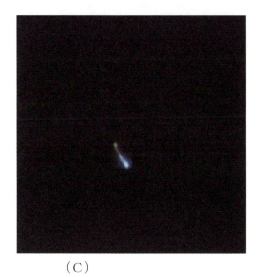

図６、オーブの長時間変化

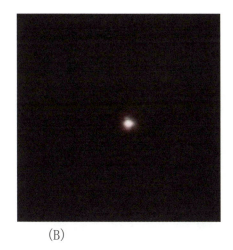

No,5-1, (写真)、構成要素

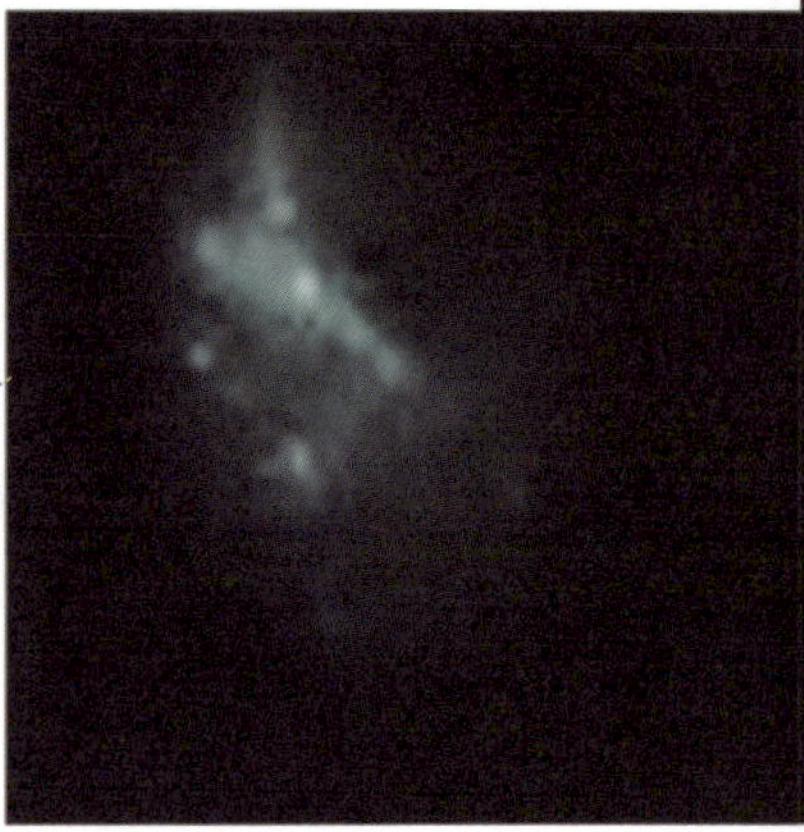

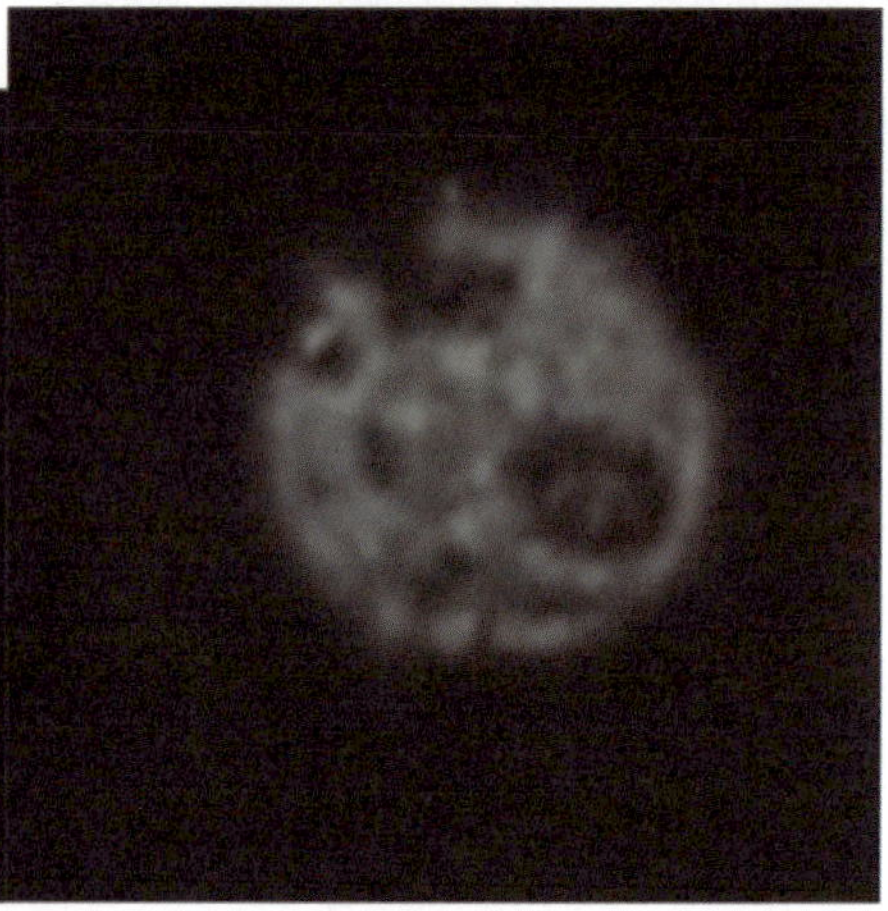

写真１ (大谷ＰＡ)　　写真２ (東京、八王子)

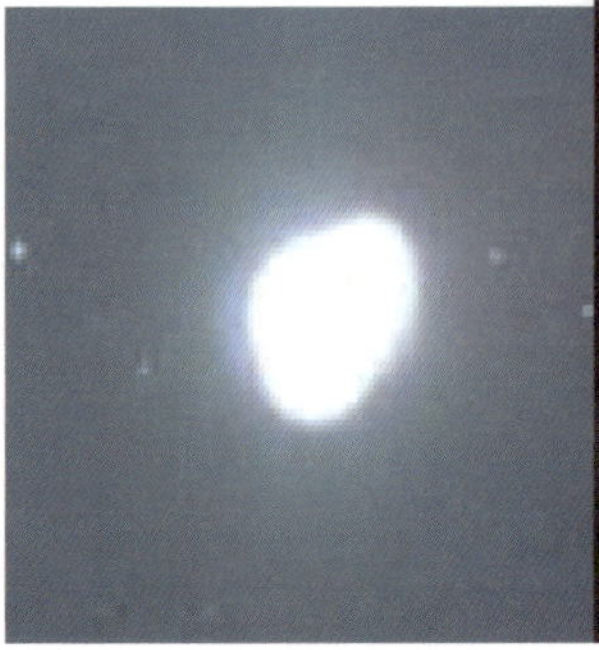

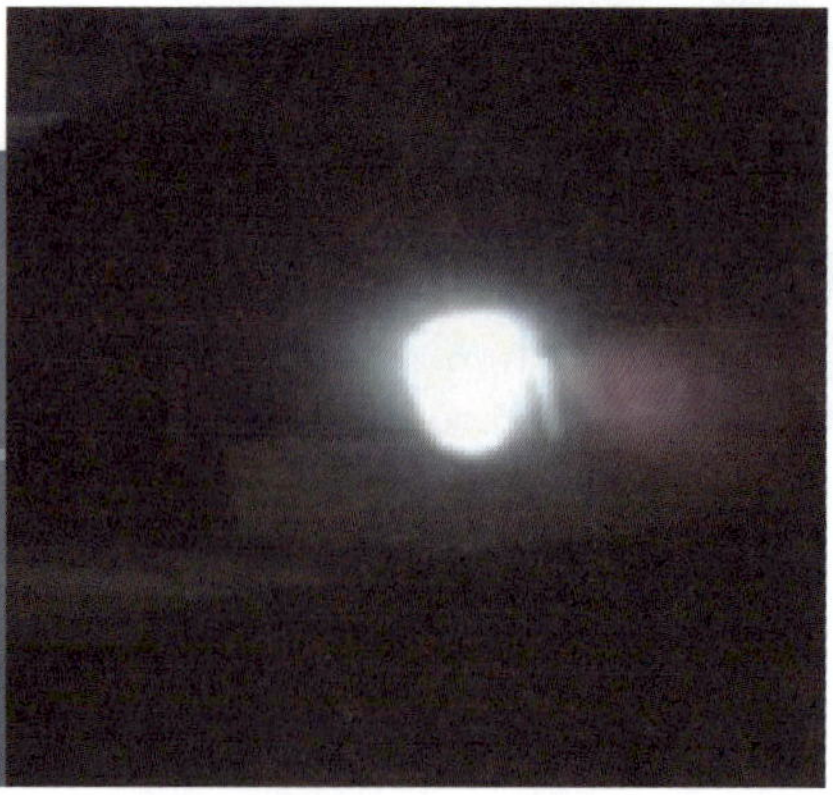

写真３ (福島市)　　写真４(福島市)

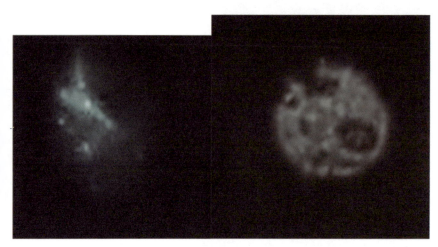

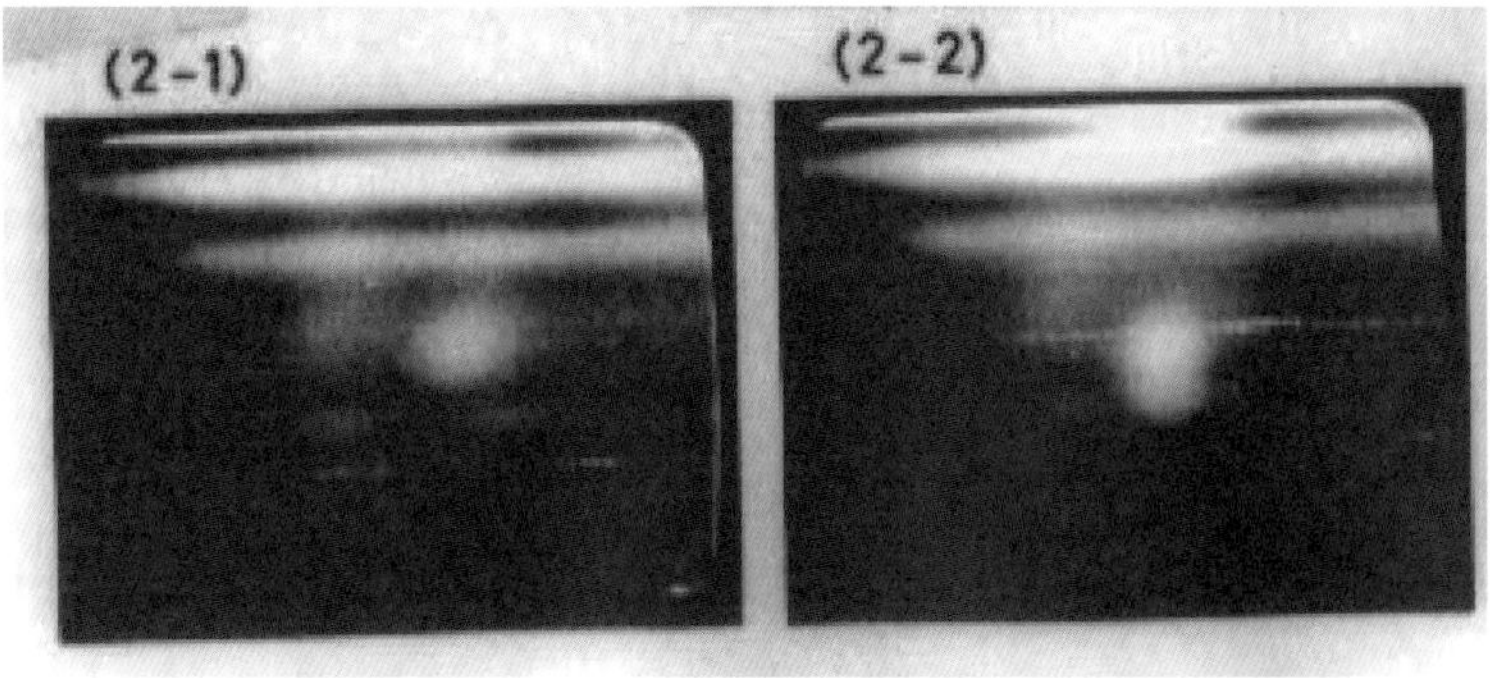

写真５（東京、調布１）

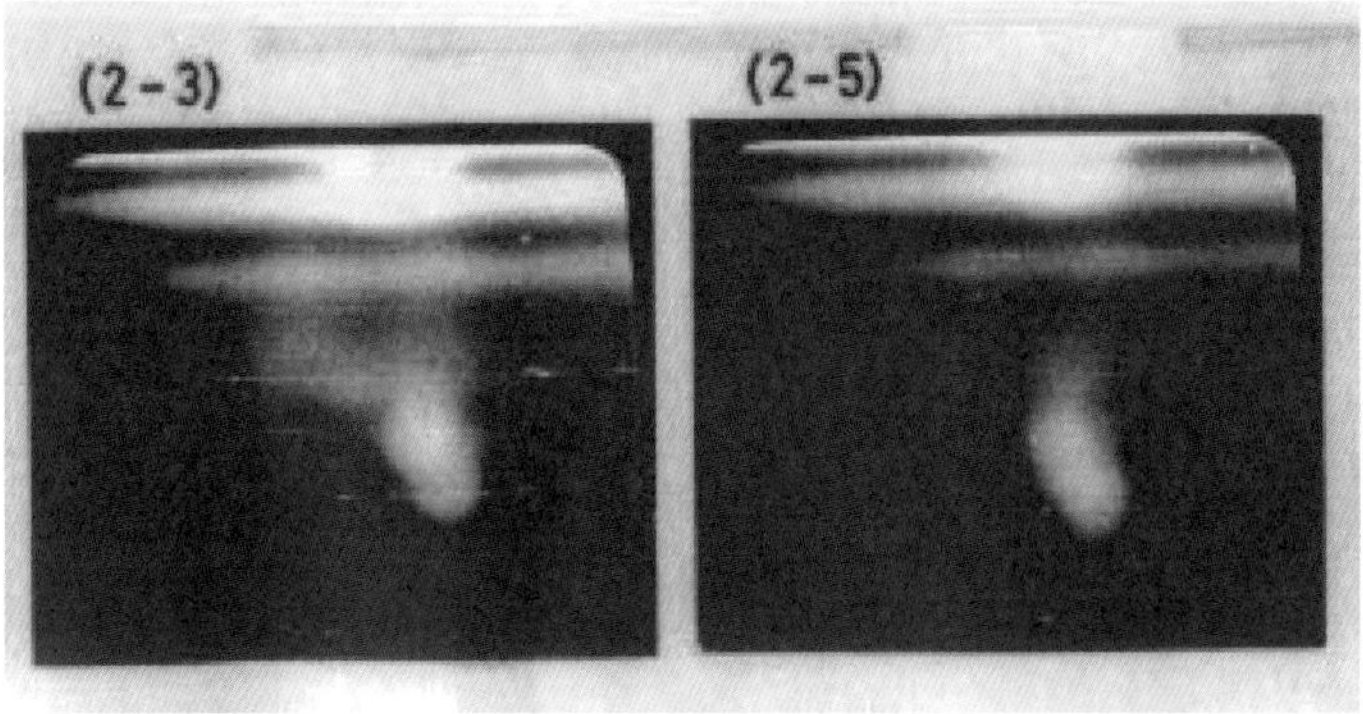

写真６（東京、調布２）

No,6-1、(写真、図)、菱形オーブ

(1－1)　(1－2)　(1－3)　(1－4)

(1－5)　(1－6)　(1－7)　(1－8)

(1－9)　(1－10)　(1－11)　(1－12)

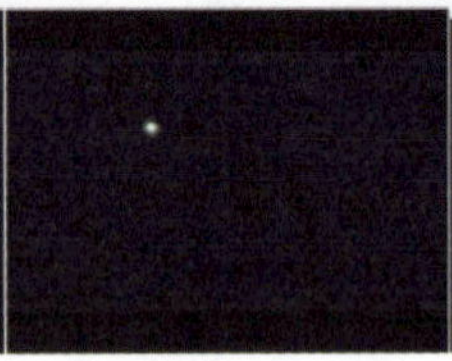

(1－13)　(1－14)　(1－15)　(1－16)

写真集（1），ごく初期

（２－１）

（２－２）

（２－３）

（２－４）

（２－５）

（２－６）

（２－７）

（２－８）

（２－９）

（２－１０）

（２－１１）

（２－１２）

写真集（2)、初期

（３－１）

（３－２）
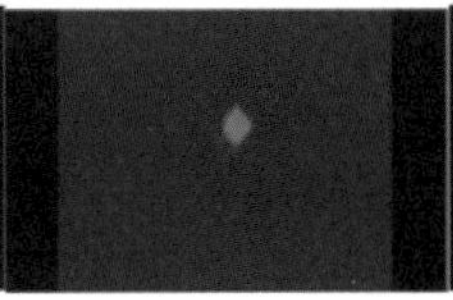
（３－３）

（３－４）

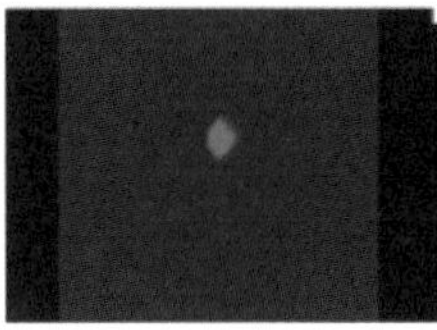
（３－５）
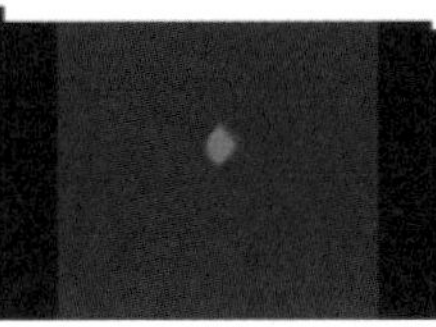
（３－６）
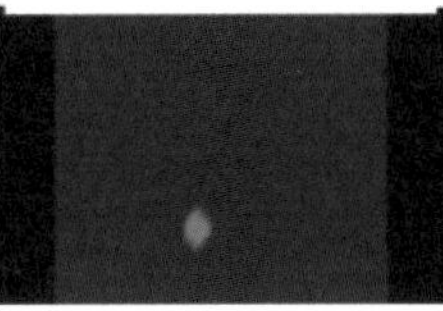
（３－７）

（３－８）

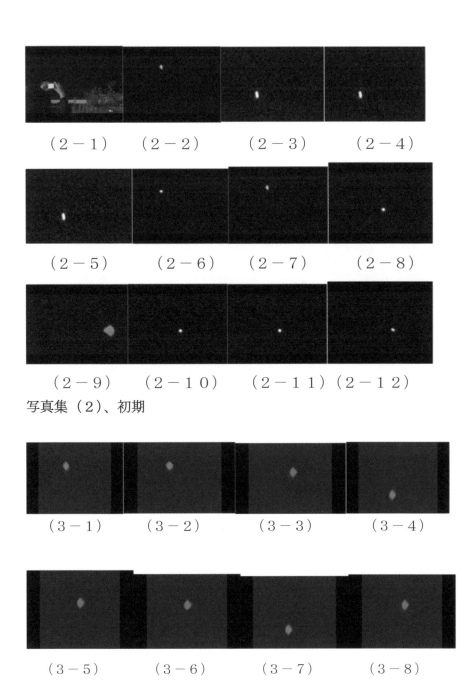

（3－9）　（3－10）　（3－11）　（3－12）

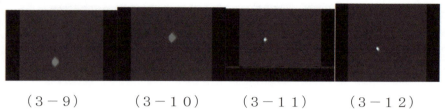

写真集（3）中期

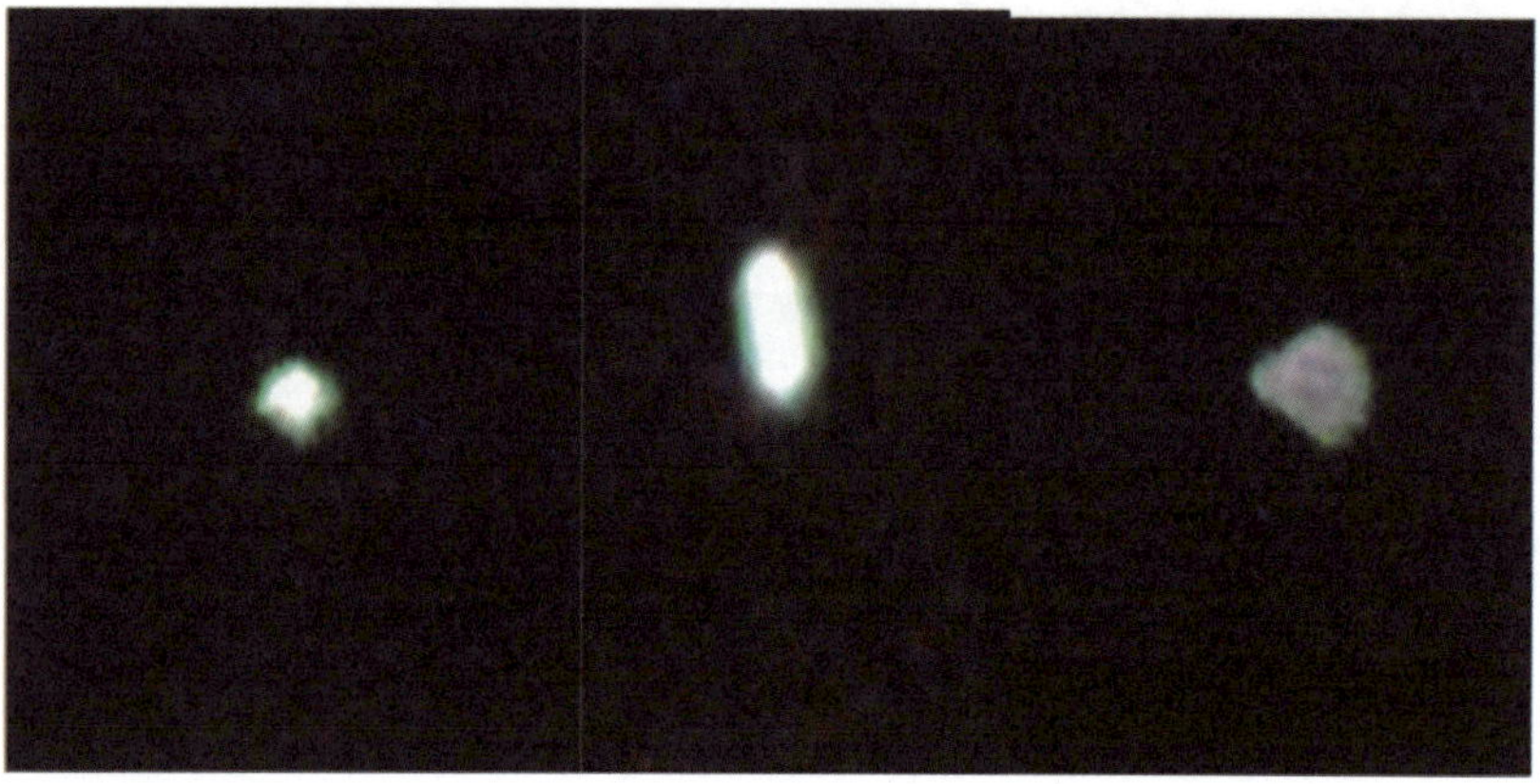

（4－1）　（4-2）　（4－3）

写真集（4）

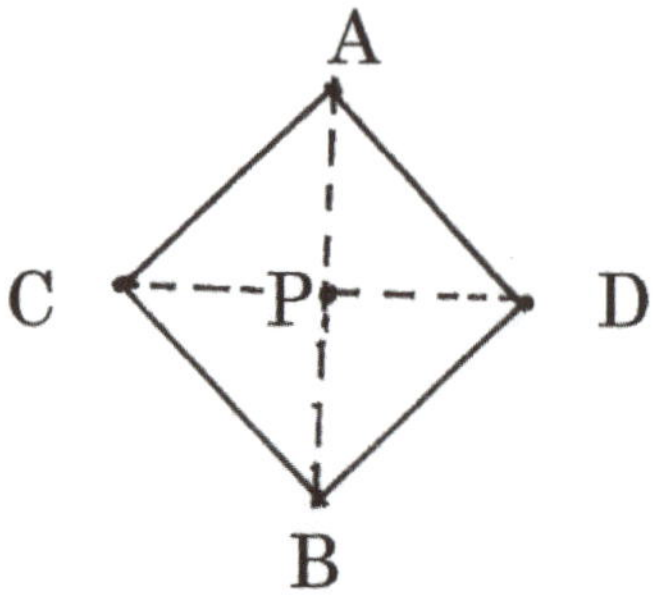

図1，菱形オーブ（モデル）

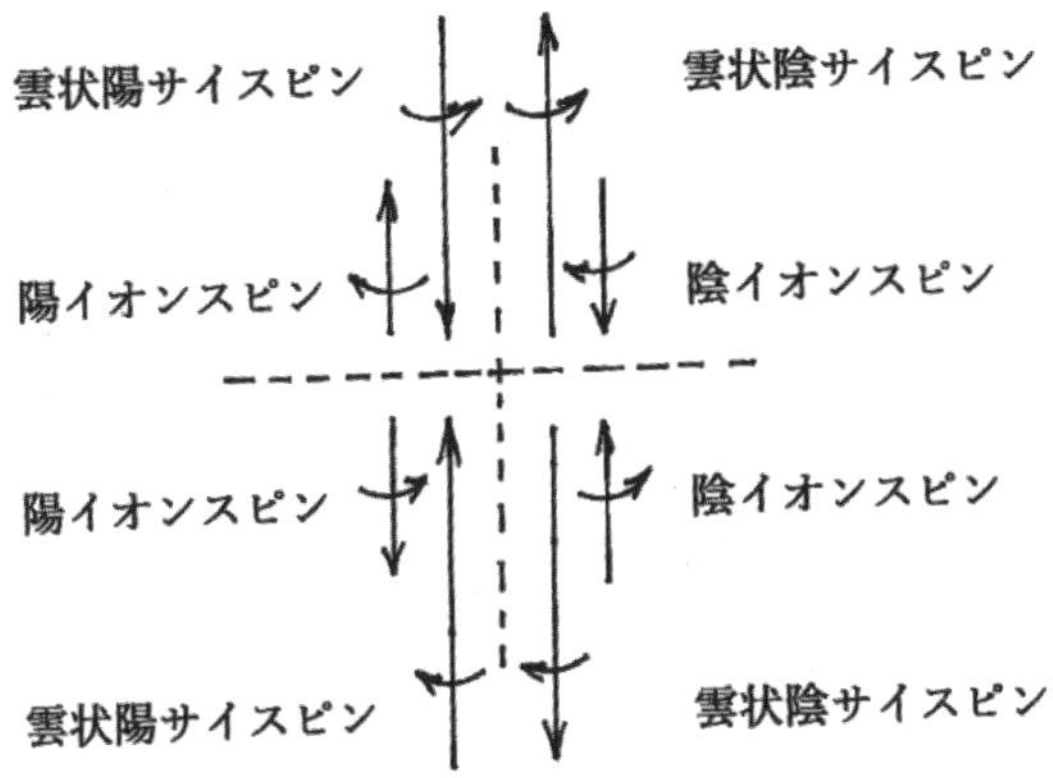

図２、PSI(電子、イオン)spin 対群

(注)、上方から見ると巴形のスピン対群になっている。

写真集（5）

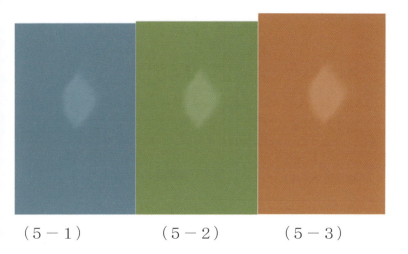

（5－1）

（5－2）

（5－3）

No,8-2-1（写真、図）、Orb 出現

写真１（１０３０）

写真２　(No,3680)

写真３（No, 3681）

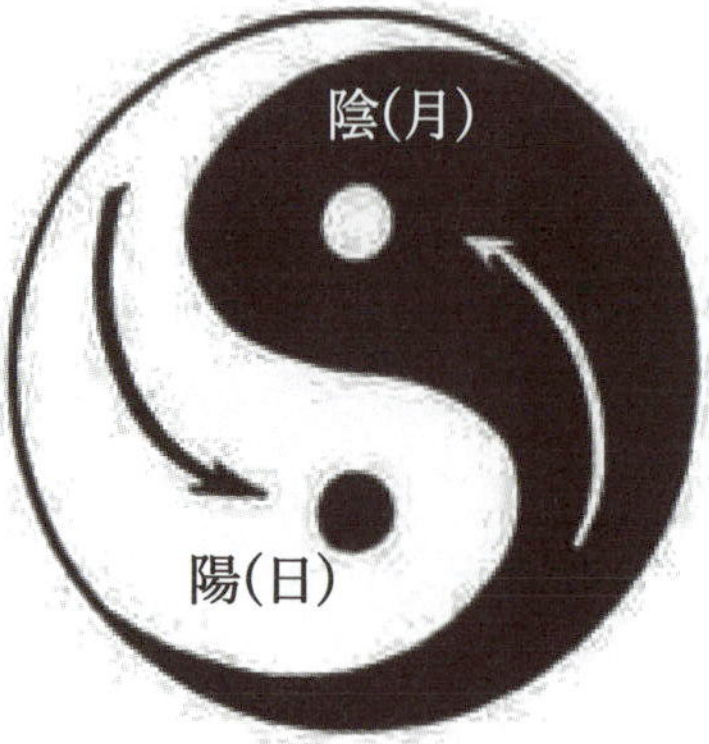

図１. 太極図状のイオン・ボール

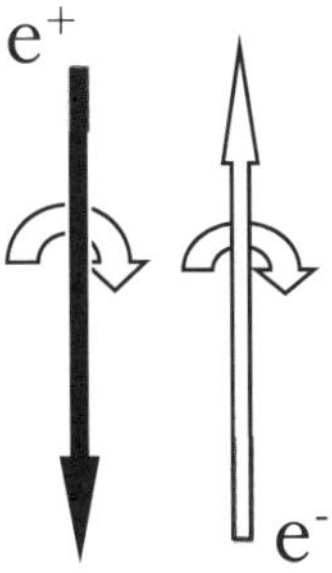

図 2. サイ・ペアー（PSI-pair）

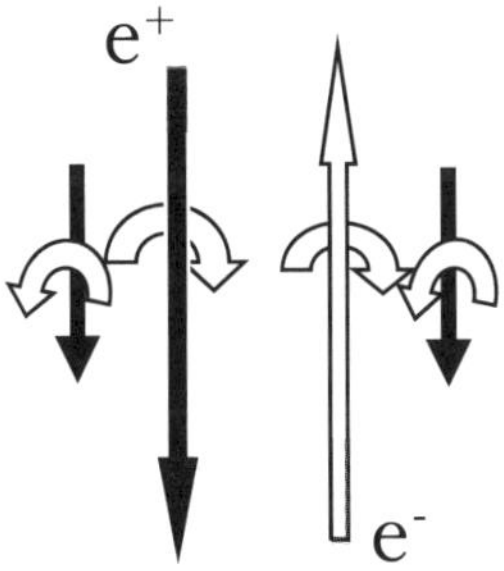

図３，サイ・ペアー群

No, 9-1、(写真)、物理現象に加算

写真１（観音堂、東京）

写真２（東京、観音堂）

写真３（No, 174、福島）

写真４（No, 2539　福島）

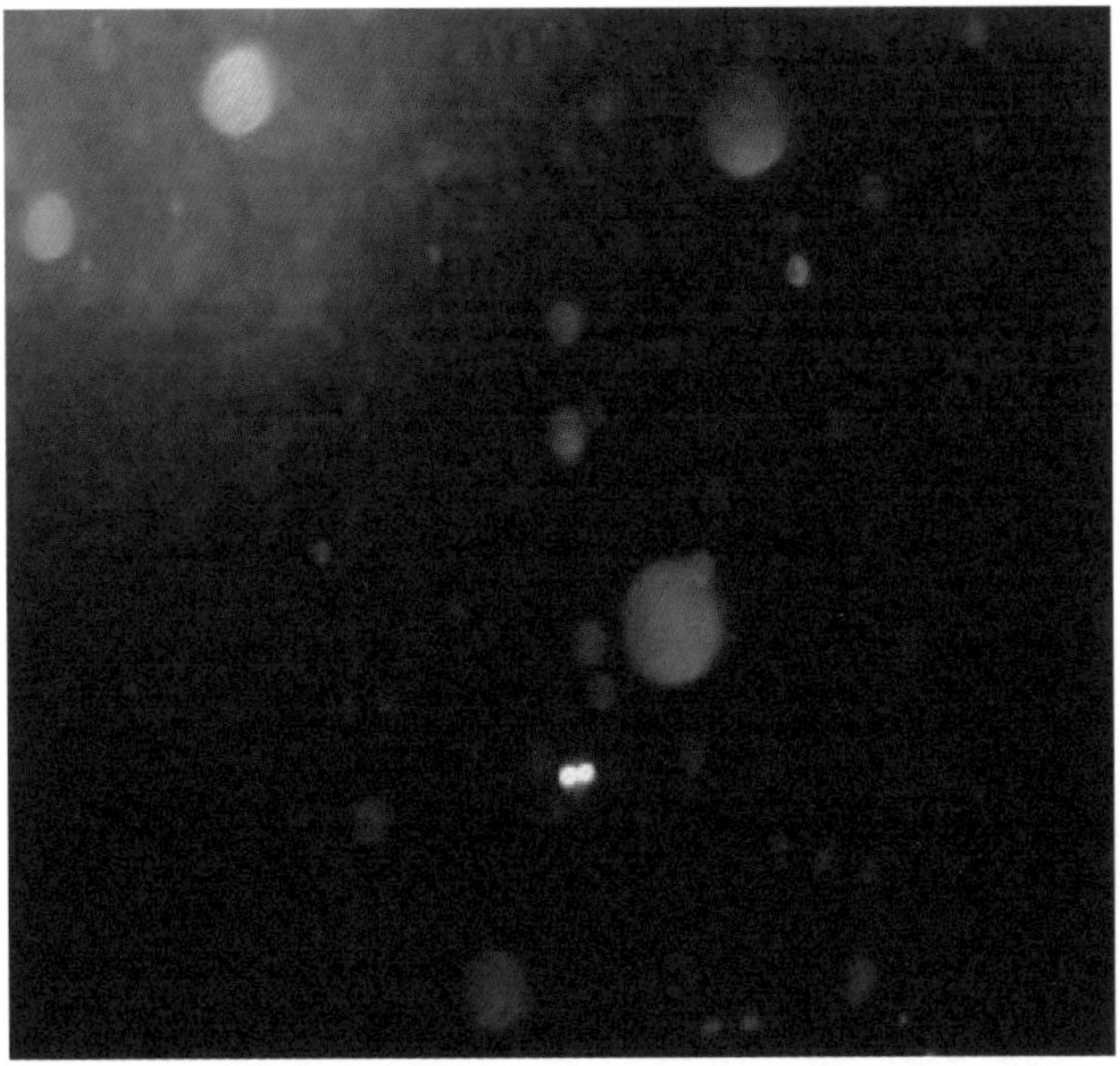

写真５（No，2540　福島）

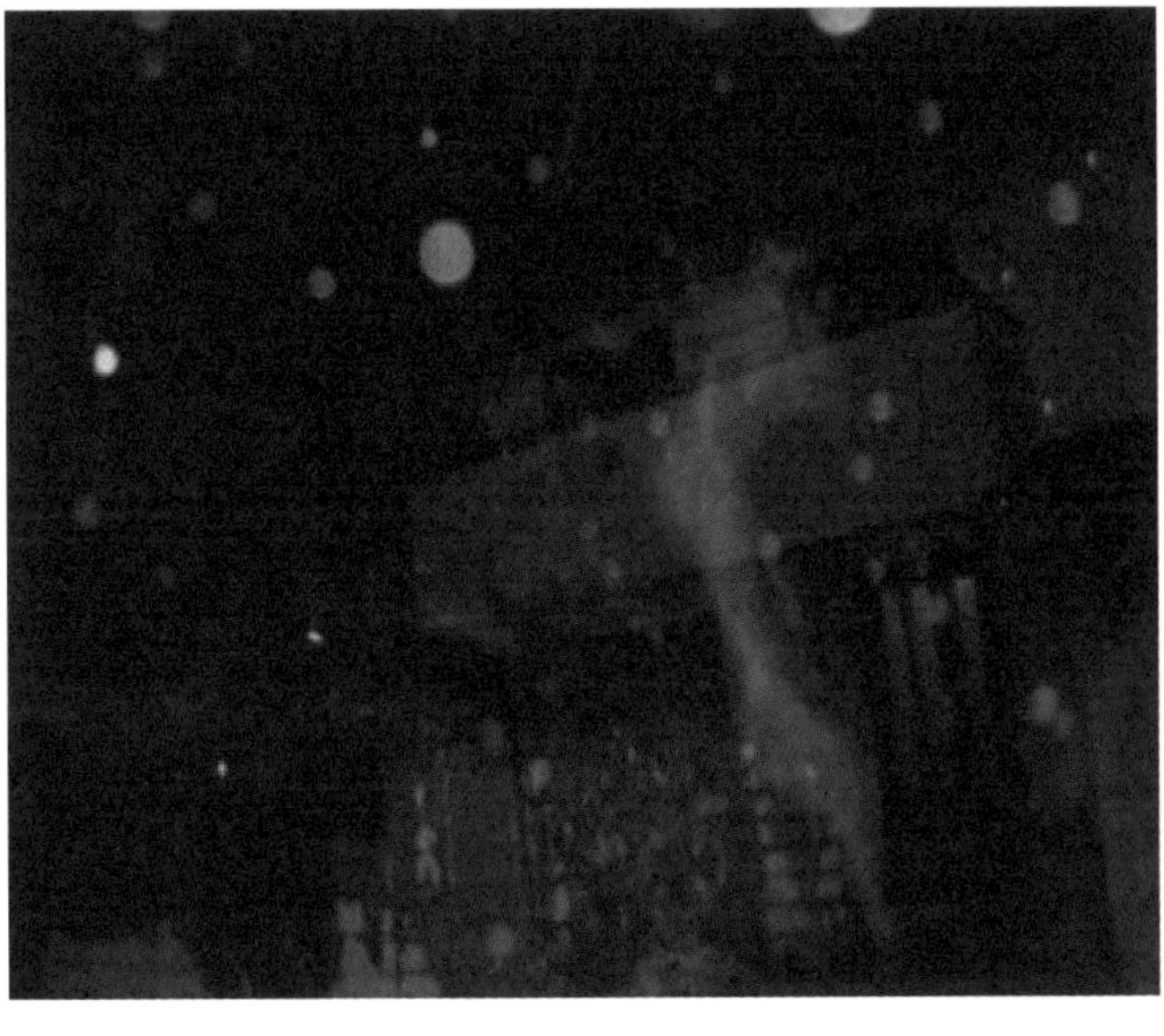

写真６（No，2269、福島）

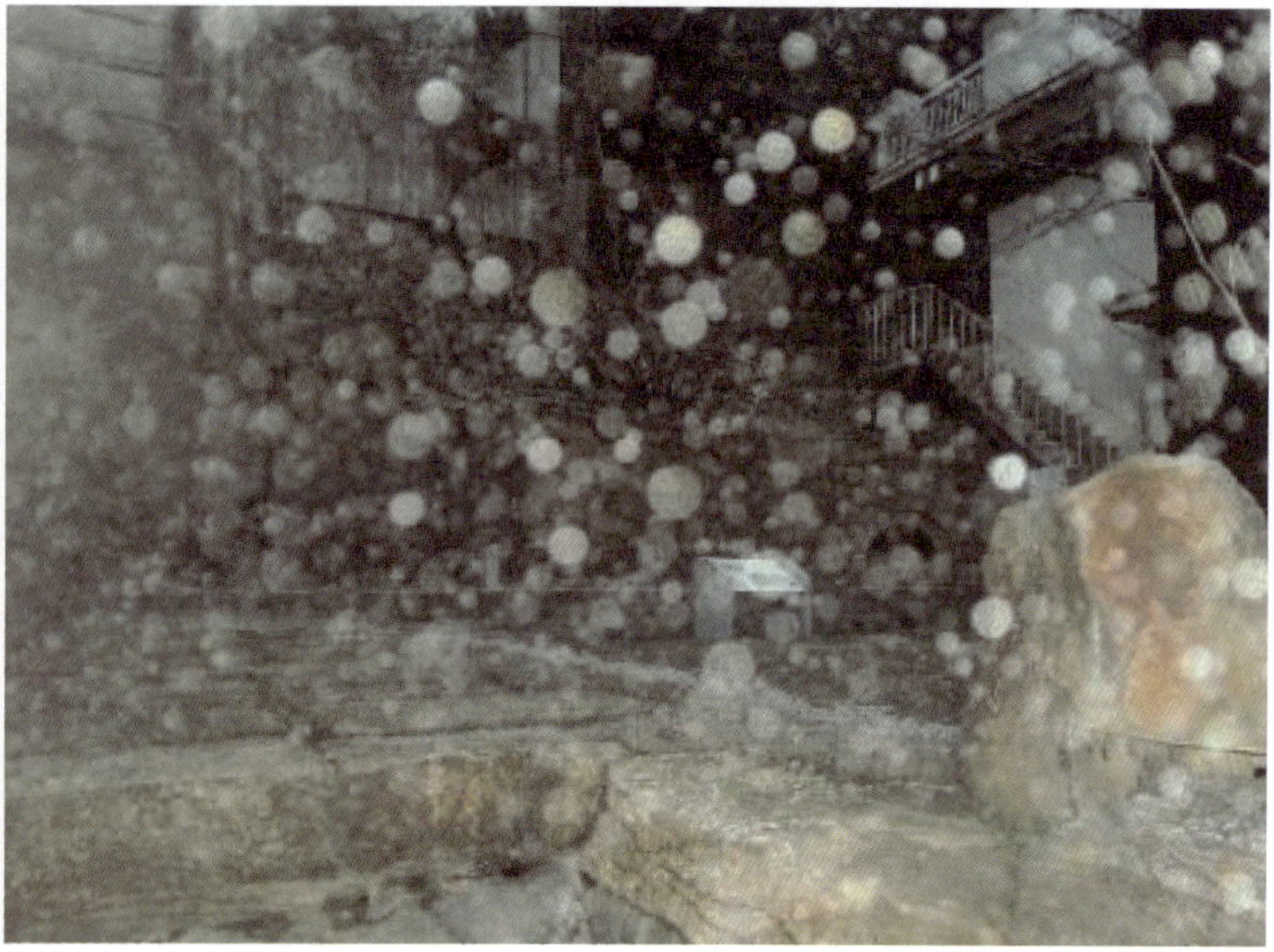

写真７（No,1729、福島）

No,12-1、(図)、構成する要素

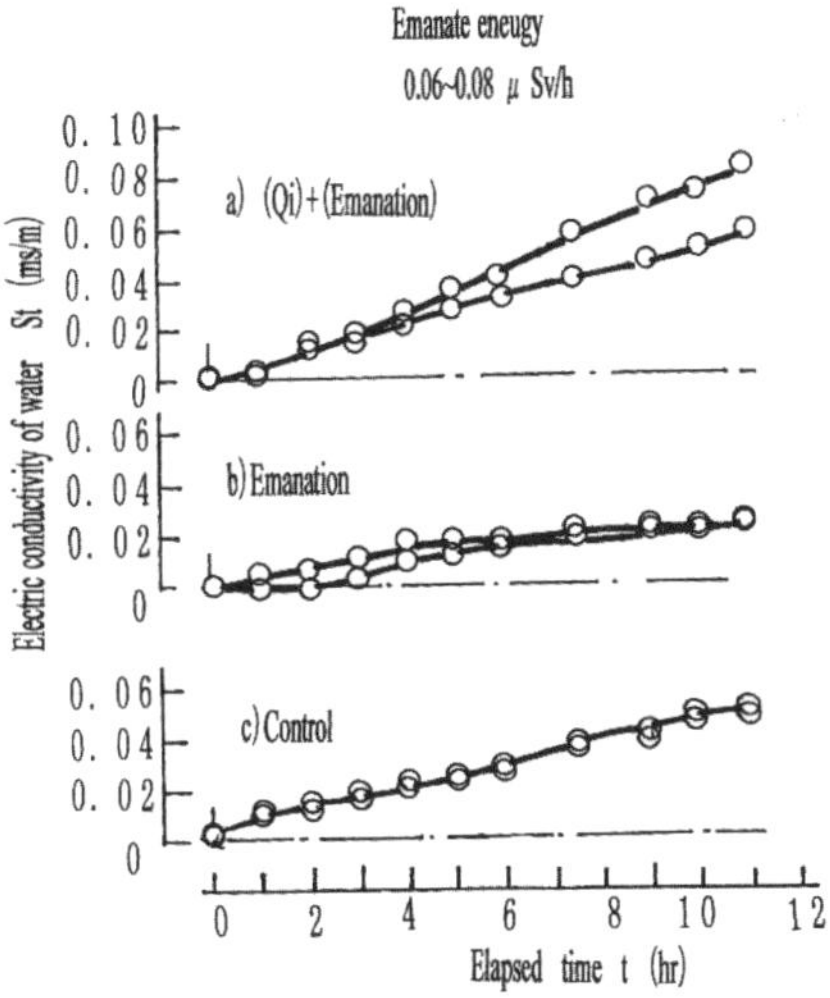

図 1

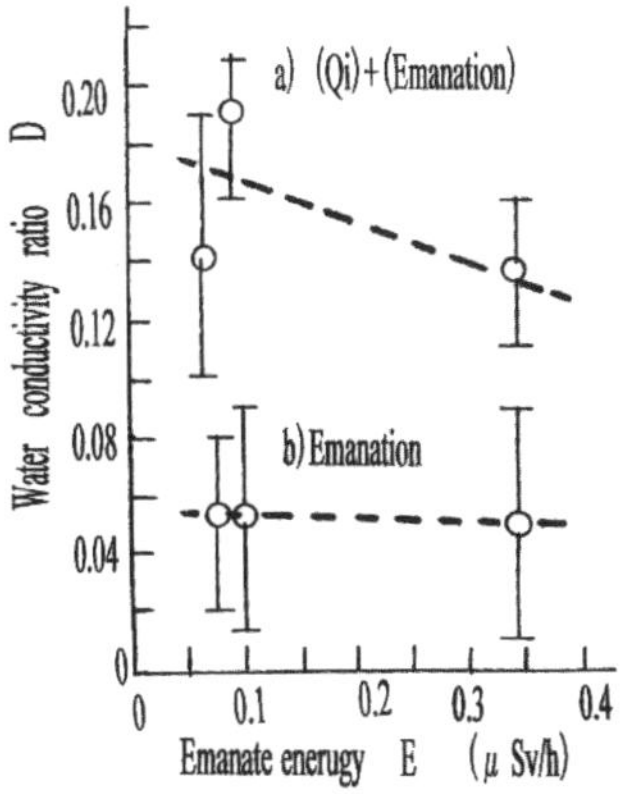

図 2

NO,14-1.（写真）、共振（同調）

写真１（A）、2017/11/2１、鐘乳洞

写真２（B），2017/11/2１、鐘乳洞内

NO,15-1（図）、オーブ（たまゆら）

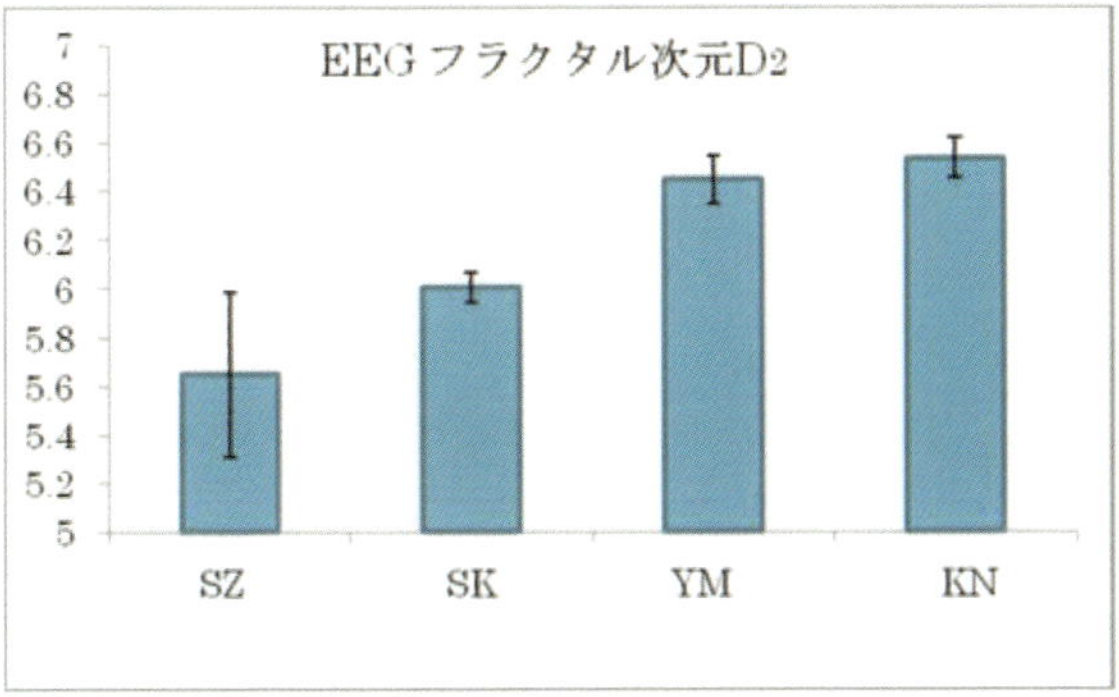

図１，脳波のカオス解析

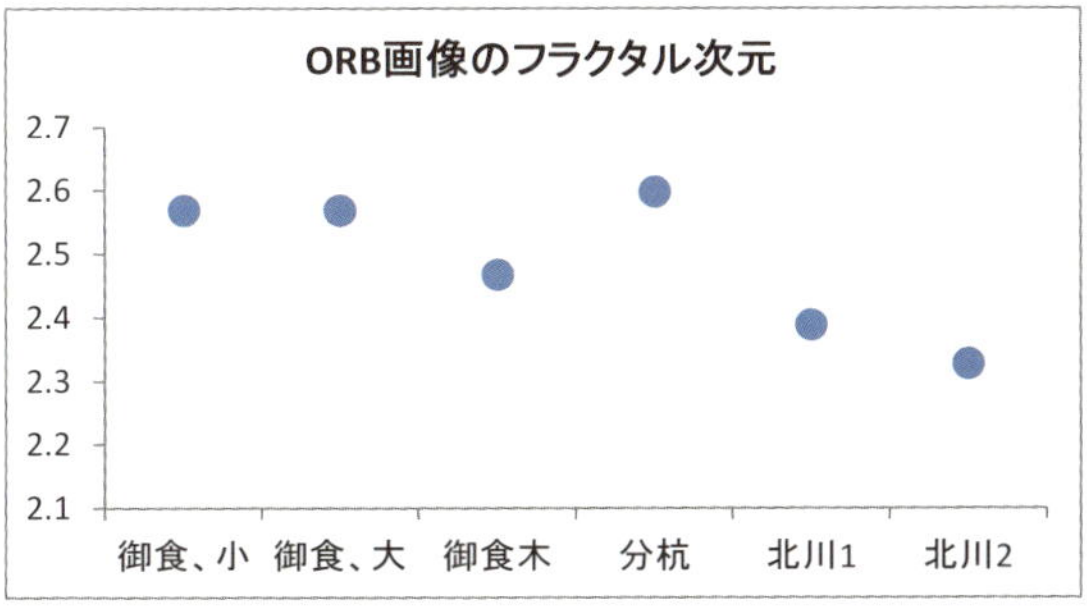

図２，測定場所とカオス解析

No,17-1,（表、写真、図）、オーブ動変化、念写像（2 報）

表１. 動画ファイル一覧表

No.	ファイル名	フレーム率 [f/s]	撮影日時	撮影場所	気温（℃）	天気概要	撮影状況
1	CIMG7499. AVI	23	2017/10/9 22:42:18	石川県 金沢市	26. 4 18. 4 22. 1	曇時々晴	野外駐車場 （石川県金沢市元町） より上空を撮影
2	石川県金金沢市 撮影. AVI	23	2017/10/27 19:53 : 46	石川県 金沢市	22. 5 10. 7 16. 1	晴後 時々曇	旧事務所　野外駐車場 （石川県金沢市南町） より撮影
3	金沢市撮影 CIMG7923. AVI	23	2018/2/2 20:41:26	石川県 金沢市	7. 5 2. 1 4. 2	曇後 一時雨	現事務所マンション８階 （石川県金沢市広岡） から上空を撮影
4	CIMG8297. AVI	14	2018/5/19 20:57:24	東京都 港区	26. 3 15. 3 21. 5	晴	東京事務所（港区赤坂） マンション屋上 44 階より 撮影

※気象情報は気象庁ホームページ（石川県金沢市又は東京都の気象情報）

※気温は最高気温/最低気温/平均気温、天気概要は１８時～翌６時。

※撮影状況の事務所は、ホリスティック健康科学研究所の事務所。

写真集１. 解析対象オーブの選出（１）

オリジナル　　シャープ（+100　　温度（11500）　　鮮やかさ（400%）　　明るさ（+70%）

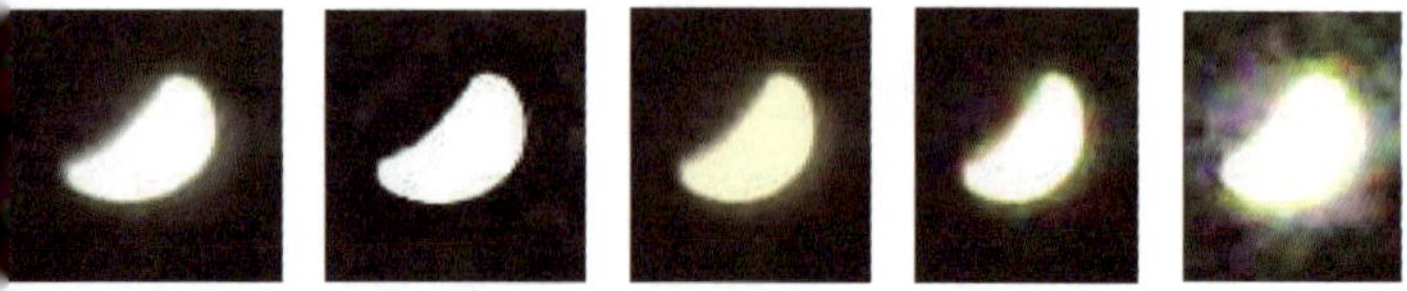

※動画 No. 2 の No. 0300（300 フレーム目）の静止画像（撮影開始より 13. 0 秒後）

写真集２. 解析対象オーブの選出（２）

明るさ 0%　　+50%　　+60%　　+70%　　+80%　　+90%

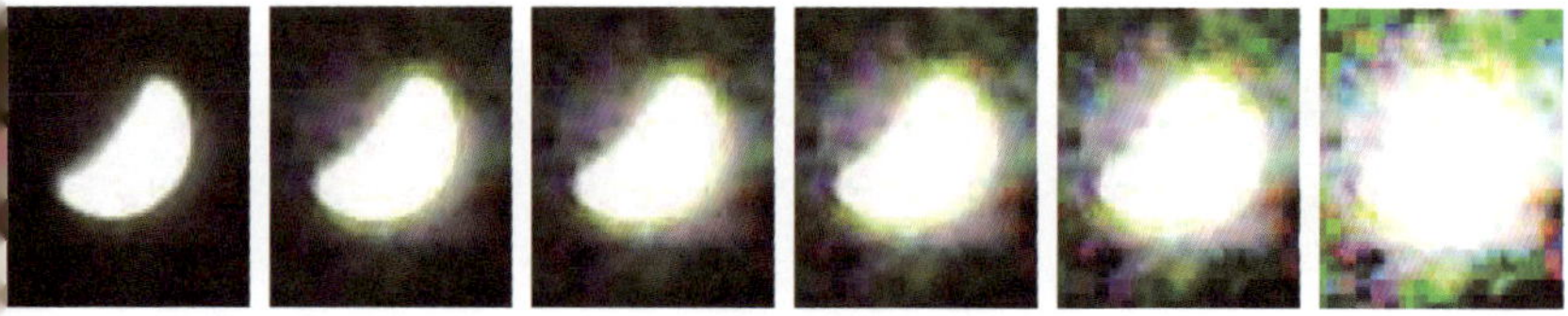

（写真集１の念写像を明度変化させた場合。６段階）

写真集３、三日月念写像の時間変化（動画 No.2 より）

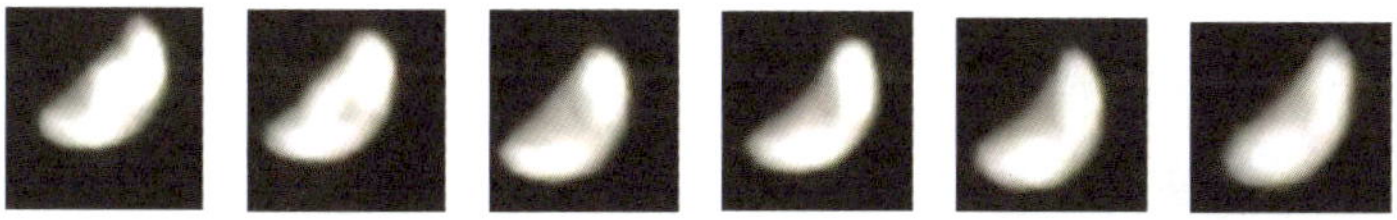

30 秒　31 秒　32 秒　33 秒　34 秒　35 秒

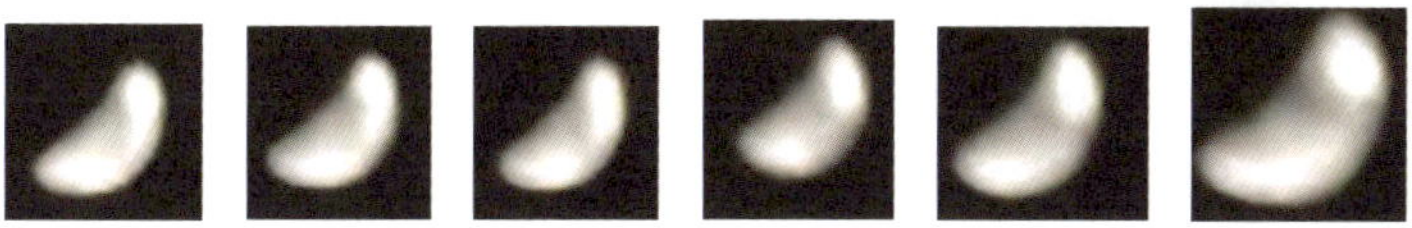

36 秒　37 秒　38 秒　39 秒　40 秒　41 秒

※動画 No.2 の撮影開始 30 秒後から１秒おきの念写象の変化

写真集４.三日月念写像の内容（約３０秒後）

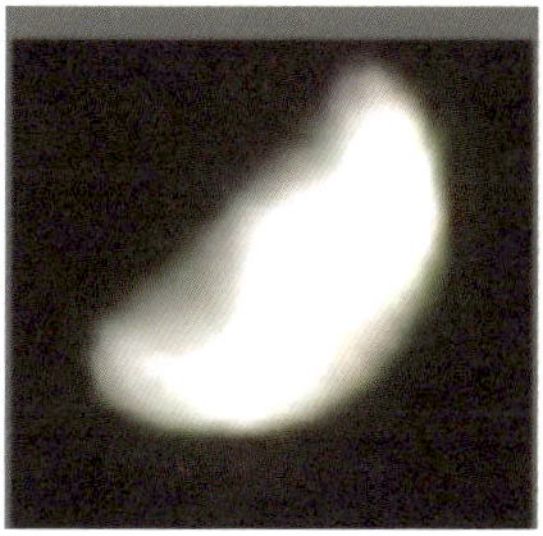

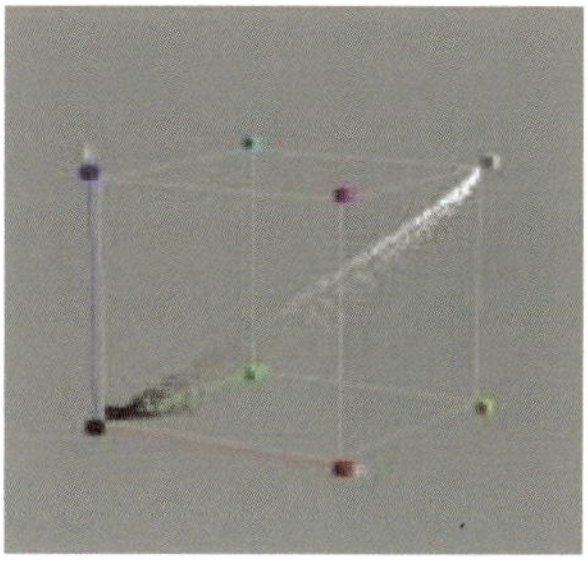

動画 No.2 の約 30 秒後の静止画像（No.0690）（左）と、
Color Spatioplotte Ver.2.44 にて解析した結果（右）

写真５.意識に反応しないオーブ（１）

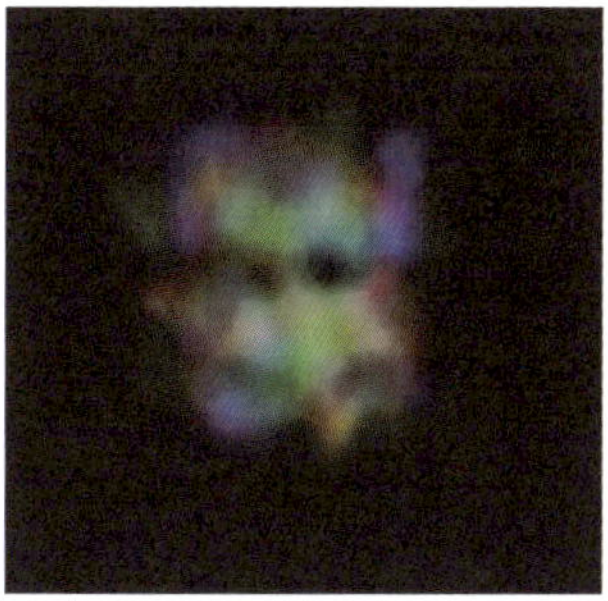

写真6.意識に反応しないオーブ（2）

写真7.三日月念写像とノイズ状小球オーブ
（動画No.4：CIMG8297-0241、[開始17.21sec後]）

NO,18.1、(写真、図)、動オーブ吸収、放出

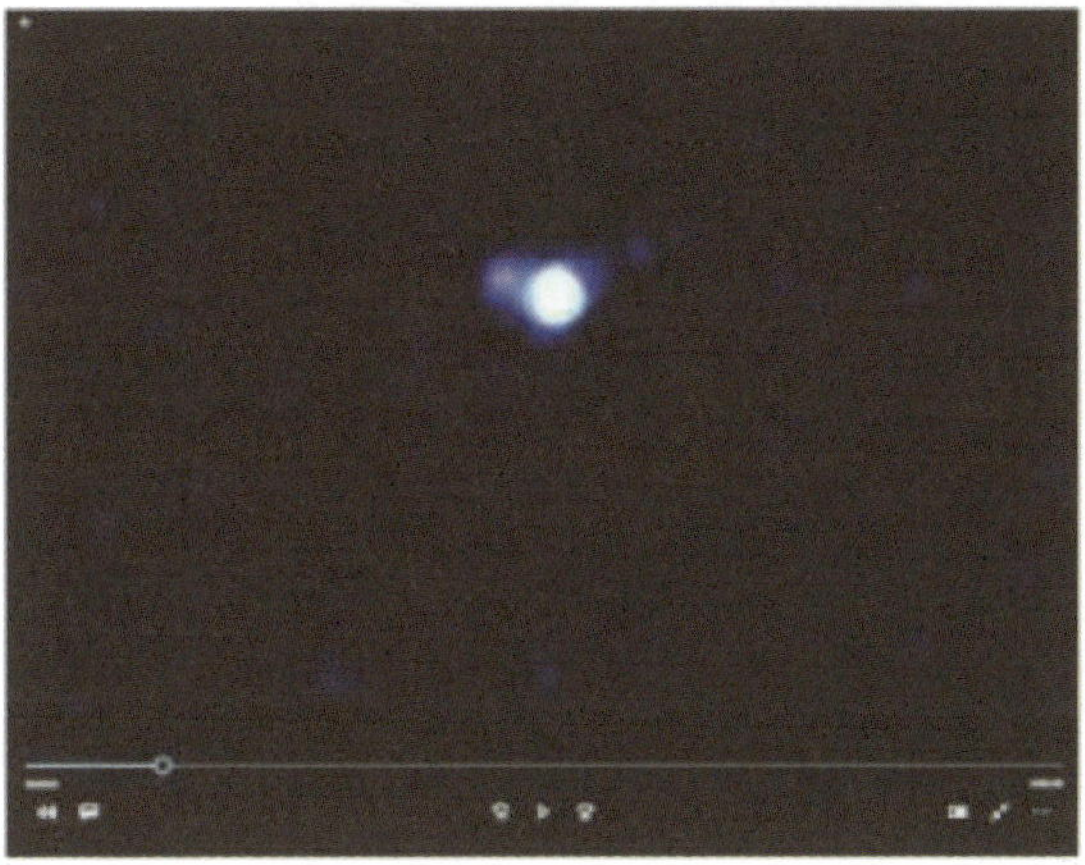

図１、切取り静止画(7 秒２３)

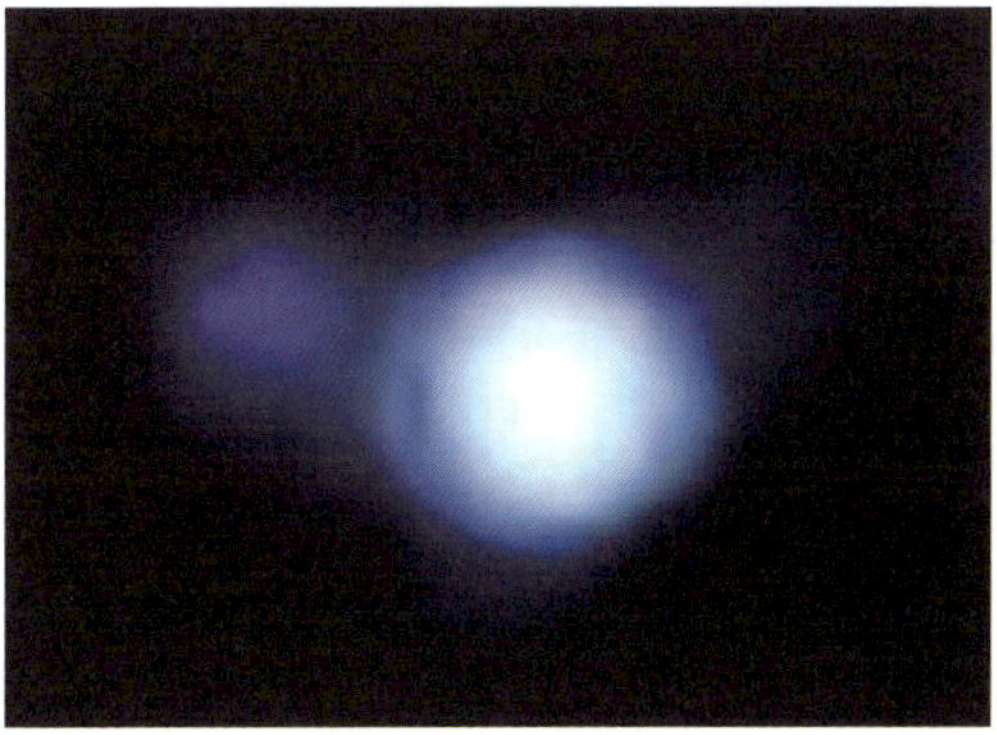

図２，動画１(7 秒２３)

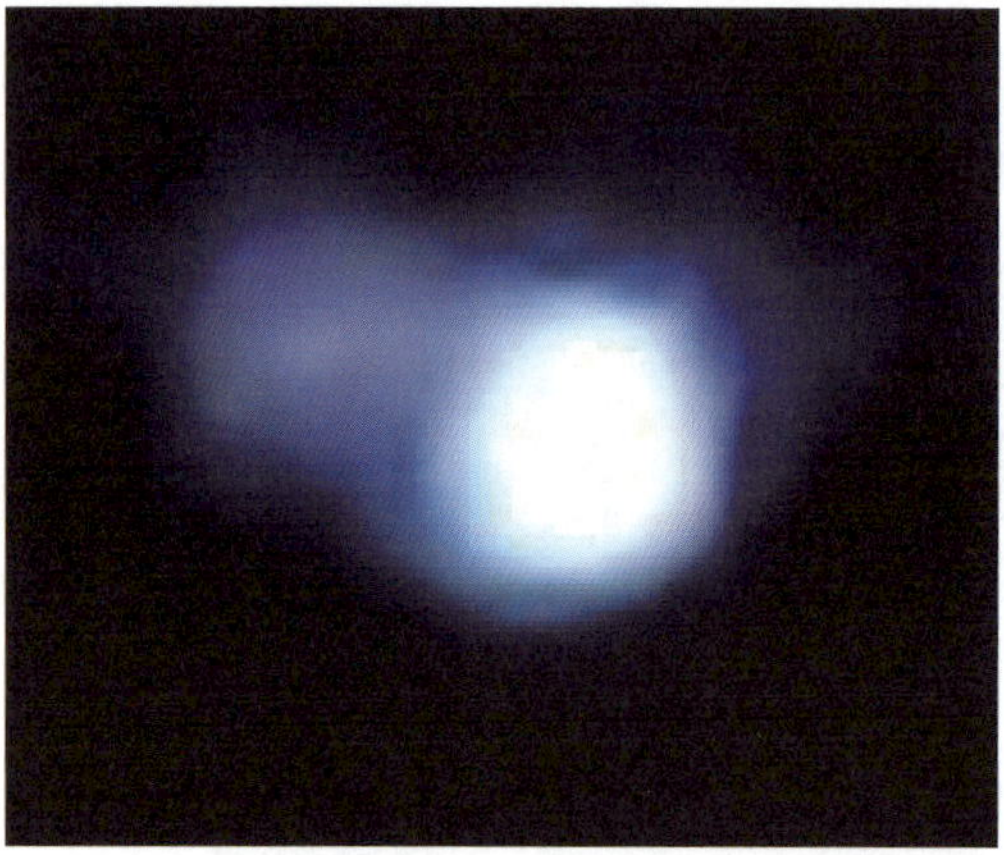

図 3，動画２（１５秒 87）

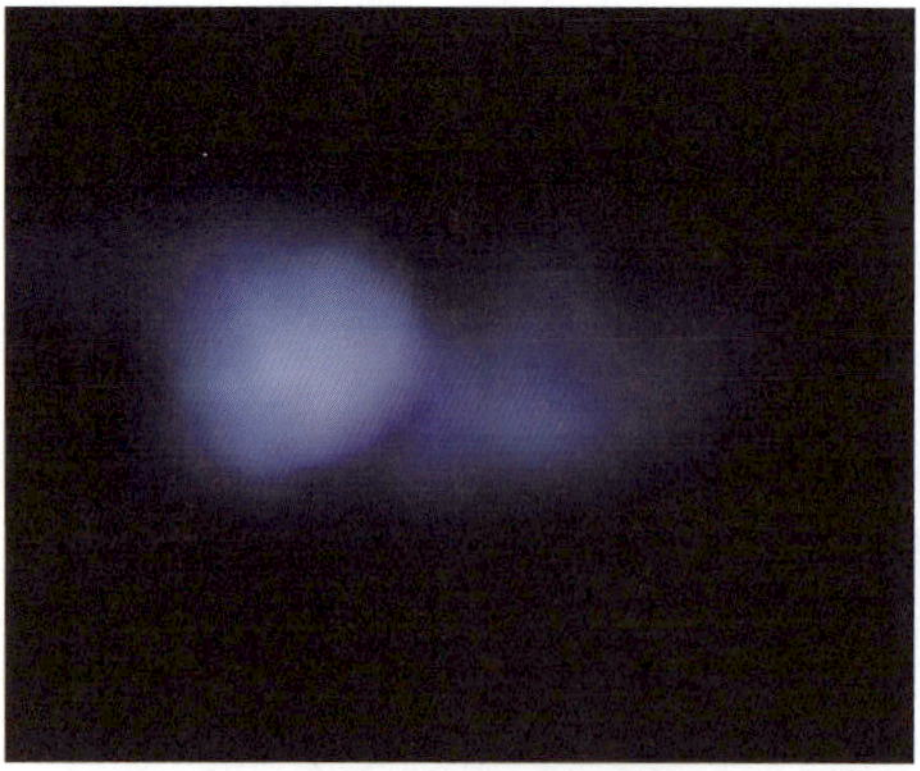

図４，動画３（19 秒 38）

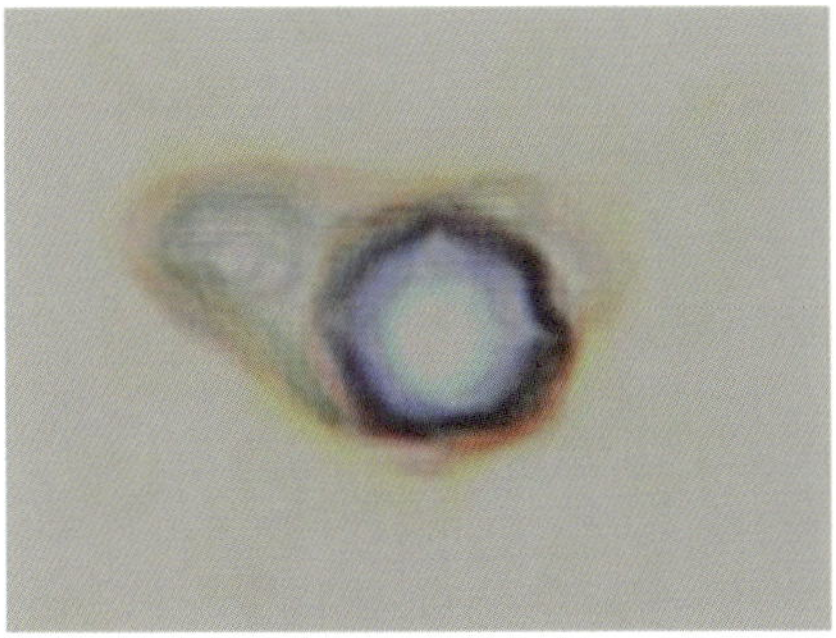

図5，白黒反転像

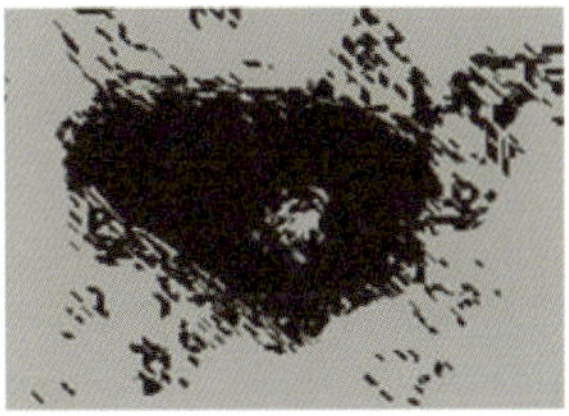

図6アート効果像

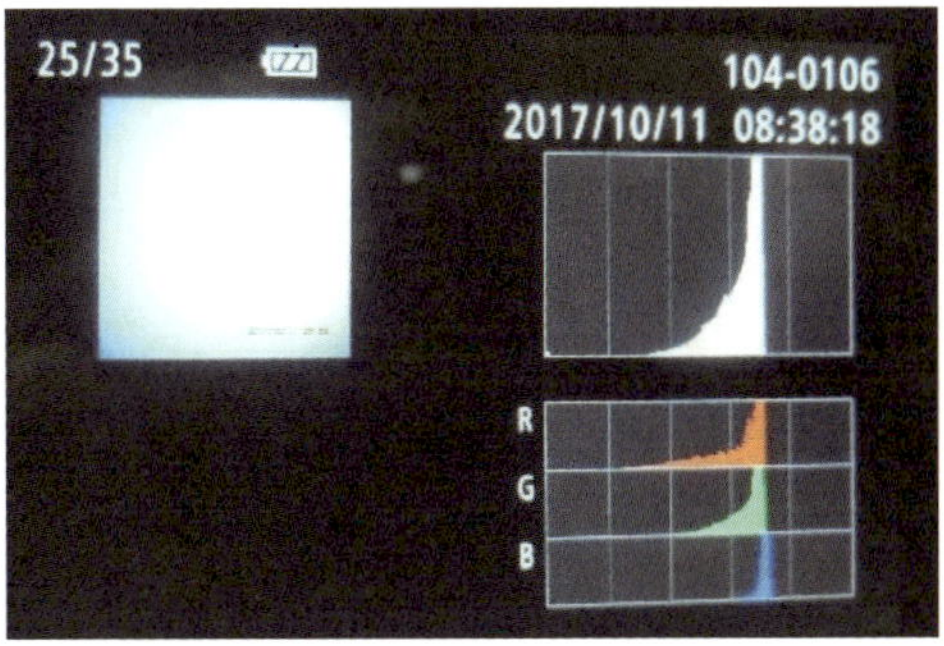

図7,色分析（RGB,104-0106）

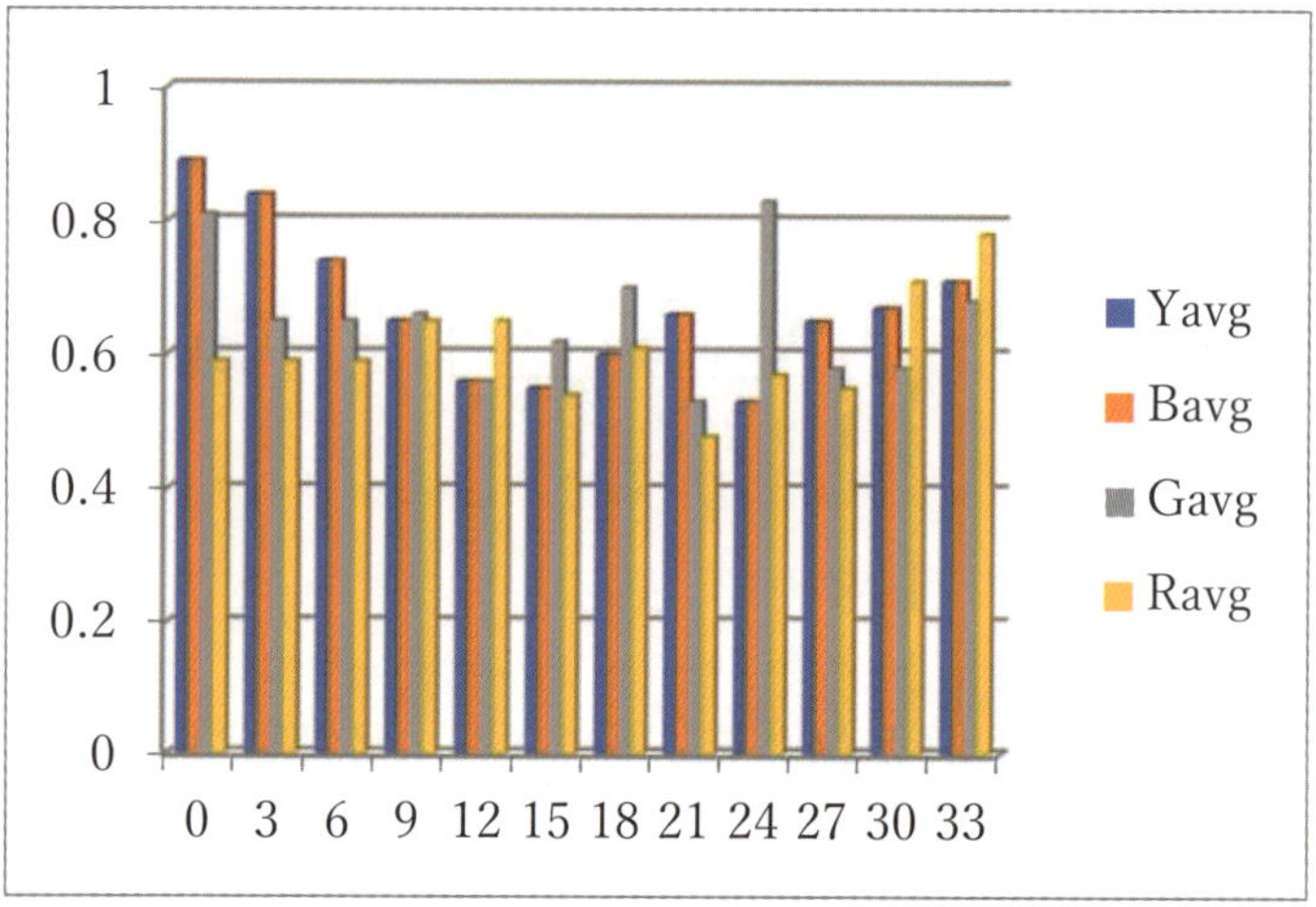

横軸、　　　時間、X１０$^{-2}$　sec

図８，オーブ構成要素(光色)の時間変化

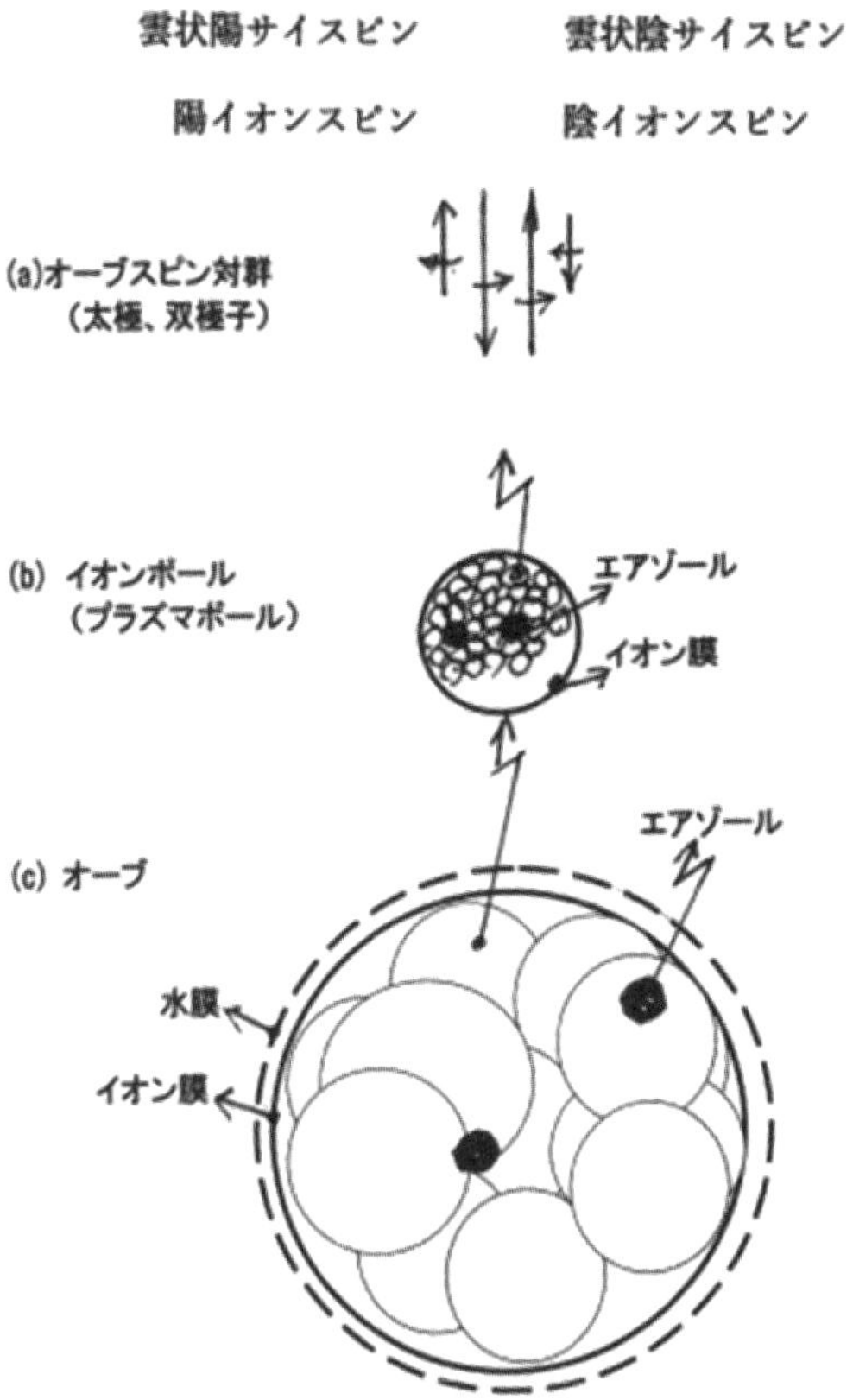
雲状陽サイスピン
雲状陰サイスピン
陽イオンスピン
陰イオンスピン
(a)オーブスピン対群
（太極、双極子）
(b) イオンボール
（プラズマボール）
エアゾール
イオン膜
(c) オーブ
エアゾール
水膜
イオン膜

図９，オーブモデル

19-1(図)，２組の巴型スピン対

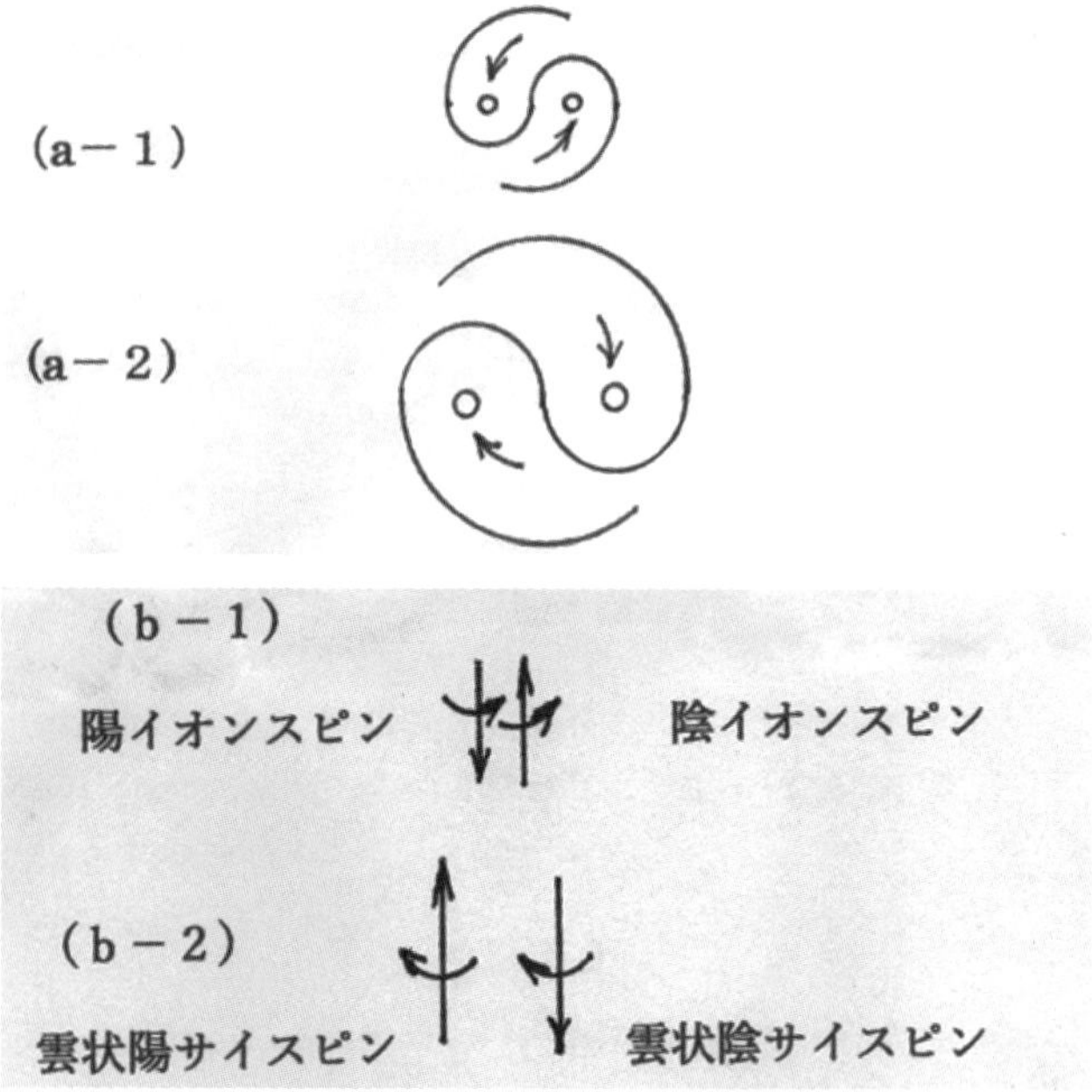

図１，２組の巴型スピン対

著者　佐々木　茂美（ささき　しげみ）

1930年、長野県に生まれる。
1953年、東北大学工学科精密工学科卒業、工学博士
東芝機械、防衛大学校機械工学科講師、電気通信大学通信機械工学科助教授、電気通信大学通信機械工学科教授、東海大学総合科学研究所客員教授、米国ケンタッキー大学客員教授〔文部省在外研究員〕、中国首都師範大学客員教授、を経て、現在電気通信大学名誉教授、日本サイ科学会名誉会長
平成21年秋「瑞宝中綬章」授与
米国[Man of the year 2003 賞]、American Biographical Institute 授与、その他。
主な著書として、
『「気」のつくり方・高め方』サンマーク文庫、『見えないもの』を科学する』サンマーク出版、「図解雑学：気の科学」、ナツメ社（図書館協議会推薦図書）、『オーブ』は『パワー・スポット』にいる』、岩波ブックセンター、「気的奥秘」、中国、公人出版社、その他がある。
お問い合わせ：〒960－8213　福島市遠瀬戸８－３　佐々木茂美　E-mail：sisasaki@js6. so-net. ne. jp

動画撮影　佐藤　禎花（さとう　さだか）

東京都在住。氣エナジー®スピリチュアルヒーリングセラピー法を創設、育成に務める。
二度のガンを克服し、医療クリニックにて特別セラピーを行っている。
日本サイ科学会　理事、北陸日本サイ科学会　会長、ホリスティック健康科学研究所　代表
お問合わせ　E-mail：holistic223@gmail. com

オーブ・たまゆら（撮影・画像処理・分析）

第一刷　2019年2月28日

著者　佐々木 茂美

動画撮影　佐藤 禎花

発行人　石井 健資

発行所　株式会社ヒカルランド
〒162-0821　東京都新宿区津久戸町3-11　TH1ビル6F
電話　03-6265-0852　ファックス　03-6265-0853
http://www.hikaruland.co.jp　info@hikaruland.co.jp

振替　00180-8-496587

本文・表紙・製本　中央精版印刷株式会社

表紙協力　浅田 恵理子

編集　小澤 佳彦

ISBN978-4-86471-728-1